잘난 여자보다 똑똑한 여자가 잘 산다

잘난 여자보다 똑똑한 여자가 잘 산다

초 판 1쇄 2020년 12월 22일

지은이 남소희
펴낸이 류종렬

펴낸곳 미다스북스
총괄실장 명상완
책임편집 이다경
책임진행 박새연 김가영 신은서 임종익

등록 2001년 3월 21일 제2001-000040호
주소 서울시 마포구 양화로 133 서교타워 711호
전화 02) 322-7802~3
팩스 02) 6007-1845
블로그 http://blog.naver.com/midasbooks
전자주소 midasbooks@hanmail.net
페이스북 https://www.facebook.com/midasbooks425

ISBN 978-89-6637-876-0 03190

값 15,000원

미다스북스는 다음세대에게 필요한 지혜와 교양을 생각합니다.

프레임에서 벗어나

가슴 뛰는 삶을

선택하는 자기경영법

잘난 여자보다 똑똑한 여자가 잘 산다

남소희 지음

미다스북스

똑똑한 여자는
자신을 잘 알고
현명한 선택을 하는 여자다

사실 그랬다. 나는 어릴 때부터 '잘난 여자'가 되고 싶었다.

매사에 자신감이 넘치고 회사에서도 인정받으며 승승장구하는 능력 있는 여자. 하이힐을 또각또각 신고 다니며 뭇 남성들의 구애를 받지만 도도한 고양이처럼 남자들을 애태우는 여자. 남자가 촛불을 켜고 장미꽃으로 길을 만들어 무릎을 꿇고 반지를 내밀며 프러포즈를 하는 상황에 감동적인 표정으로 눈물을 글썽이며 서 있는 여자. 다정다감한 남자의 변함없는 사랑을 듬뿍 받으며 천사 같은 두 아이의 손을 잡고 웃고 있는 행복해 보이는 그 여자.

어릴 때부터 내 머릿속 '잘난 여자'의 기준은 바로 그런 여자들이었다. 그 여자들은 나의 꿈이자 희망이었고 나는 평생을 잘난 여자가 되기 위해 노력하며 살아왔다. 기본적으로 잘난 여자가 되기 위해선 필수요소가 있었다. 그것은 나 자신에 대한 진실한 믿음과 사랑이었다. 그것을 온전히 마음속에 지니고 있는 여성만이 결국 잘난 여자가 되어 평생을 행복하게 잘 살아가는 모습을 나는 그들의 곁에서 지켜봤다.

슬프게도 결국 나는 잘난 여자가 되지 못했다. 아니 솔직하게 말하자면 사회적 통념으로 봤을 땐 어쩌면 나는 실패한 여자에 가까울지도 모르겠다. 나는 잘난 여자가 되고 싶었지만 스스로 그럴 자격이 있는지에 대해선 무지했다. 나는 잘난 여자가 되고 싶었지만, 나 자신을 사랑할 줄 모르는 여자는 잘난 여자가 될 수 없다는 사실을 알지 못했다. 자기 자신조차 사랑해주지 못하는 사람이 타인의 사랑을 온전히 받아들일 수 있을 리가 없기 때문이다. 그리고 그것이 모든 문제점의 시작점이 된다.

사실 나는 '잘난 여자'보다 '똑똑한 여자'가 되어야 했다. 우리는 남에 대한 평가는 쉽게 내리면서 정작 자기 자신에 대해서는 잘 모르는 경우가 대다수이다. 최소 20년 이상 이 몸을 가지고 살아온 나에 대해서 한번 이야기해보라고 하면 쉽게 말문이 떨어지지 않는다. 지금 내가 가장 좋아하는 것, 내가 제일 잘하는 것, 나와 잘 맞는 성향의 사람에 대해서 말해보라고 한다면 과연 몇 명이나 바로 대답할 수 있을까? 똑똑한 여자란 IQ가 높다거나 학벌이 좋다거나 대기업을 다닌다는 등의 의미가 아니다.

똑똑한 여자의 의미는 '자신을 잘 알고 그것에 맞춰서 현명한 선택을 하는 여자'이다.

나 자신에 대해서 잘 알고 있으면 인생이 물 흘러가듯 흘러가게 된다. 나라는 여자가 어떤 성격인지 내가 원하는 것은 무엇인지, 나는 어떤 것을 가장 잘하는지, 무엇을 할 때 내가 가장 행복한지 등에 대해서 알게 된다. 그렇기에 똑똑한 여자들은 항상 현명한 선택을 한다. 애초에 나와 맞지 않는 괴로운 길로는 발을 내딛지 않는다. 똑똑한 여자는 항상 올바른 선택을 한다. 이미 나와 잘 맞는 길을 알고 있기 때문이다. 그녀들은 당당하게 그녀만의 인생길을 걸어간다. 자신을 잘 아는 똑똑한 여자는 자신만의 길을 개척해 나간다.

나는 똑똑한 여자가 되어서 나 자신에 대해서 잘 알고 그에 맞는 올바른 선택을 해야 했다. 나 자신에 대해서 잘 알지 못하면 나와 맞는 사람이 기본적으로 어떤 성격의 사람인지조차도 알 수가 없다. 그렇게 나와 맞지 않는 사람과 섣부른 사랑을 했고 그렇게 한 번의 결혼과 한 번의 이혼을 했다. 어릴 때부터 사랑하는 사람과 결혼해서 아들딸 낳고 '행복하게 오래오래 잘 살았습니다.'라는 해피엔딩을 늘 꿈꿔왔던 나는 내 손으로 일궈낸 내 가정이 결국 붕괴되고 마는 것을 지켜보았다.

오랫동안 상처받은 마음을 끌어안고 헤매며 방황했다. 그러다 나의 불행한 감정들을 글로 쓰기 시작했다. 내 상처들이 파헤쳐지기 시작했다. 아이러니하게도 고통으로 얼룩진 기억들이 글을 쓰면서 점차 치유되기 시작했다. 나의 상처가 객관화되면서 나를 짓눌러온 고통으로부터 해방되는 과정이 바로 글쓰기였다.

돌이켜보면 처음부터 그와 내가 인연이 아니라는 것을 느끼고 있었다. 그럼에도 내 가정을 지키고 싶어서 애써 모른 척했다. 소중한 내 가정을 깨뜨리고 싶지 않았기 때문이다. 내가 할 수 있는 모든 노력을 다 해보고 싶었다. 그러나 그 모든 노력에도 불구하고 변하지 않는 상황에 나는 절망했고 우리의 인연은 그렇게 끝이 났다.

사실 운명의 빨간 실은 이미 끊어져 있었는데도 내가 그것을 억지로 부여잡고 있었다. 손에서 피를 뚝뚝 흘러가면서 말이다.

나는 이제 인생 2막을 준비하고 있다. 아직 마흔도 되지 않은 나이, 너무 젊지 않은가! 그리고 비로소 나는 나 자신을 잘 아는 '똑똑한 여자'가 되었다. 나 자신에 대해 잘 알게 되면서 내 인생을 현명하게 선택할 수 있게 되었다. 나는 흔들리지 않고 나의 길을 걸어갈 수 있게 되었다.

비록 먼 길을 돌아왔지만 똑똑한 여자는 결코 자기 자신을 포기하지 않는다. 나도 당신도 이미 충분히 사랑받을 가치가 있는 여자이다.

감사의 인사를 해야 할 사람이 많다.

내가 다시 살아갈 수 있게 힘이 되어주신 〈한국책쓰기1인창업코칭협회(이하 한책협)〉의 김도사님과 권마담님께 감사의 말씀을 드리고 싶다. 내가 인생의 가장 밑바닥에 있을 때 나를 진심으로 도와주셨다.

그리고 사랑하는 엄마에게 고집 센 둘째딸을 낳아주셔서 감사하다는 말과 세상에 태어나서 행복하다는 말씀을 드리고 싶다. 하늘에 계신 아빠에게도 사랑한다고 말씀드리고 싶다. 언제나 부족한 여동생을 성심성의껏 도와준 우리 보연 언니와 든든하고 생각 깊은 멋진 남동생 우리 오태에게 감사의 말을 전하고 싶다. 그리고 세상에서 그 누구보다 사랑하는 내 목숨보다 소중한 내 아들 '전우주'에게 사랑의 말을 전한다.

목
차

2장 ___ 인생은 잘난 여자보다 똑똑한 여자가 잘 산다

3장 ___ 똑똑한 여자가 되기 위한 8가지 방법

4장 ___ 인생을 바꾸는 여자들의 자기 경영 기술

5장 ___ 세상에서 가장 행복한 여자로 살아라

1장 ──────────────────

어떻게 살아야 할까 고민하는 너에게

1

대한민국에서
여자로 산다는 것

"여자는 3번 태어난다. 딸로, 여자로, 엄마로!"

"응애응애~." 밤 10시가 넘은 시간, 울진의 작은 산부인과 병원에서 신생아의 울음소리가 울려 퍼진다. 아이의 울음소리를 듣고 아빠가 헐레벌떡 달려온다. 숨을 헐떡이고 있는 엄마 옆에서 아빠는 간호사에게 성별부터 물어본다. "아들인가요?" 간호사는 그런 아빠를 가만히 쳐다보더니 이야기한다. "아버님을 꼭 빼닮은 너무나 예쁜 딸입니다. 축하합니다."라고….

바닷가에 위치한 경북 울진 섬마을에서 둘째딸로 태어난 나는 그렇게 아빠와 첫인사를 하였다. 아빠는 딸이라는 사실에 살짝 실망할 뻔하다가, 아이의 조그만 얼굴에 당신과 똑같은 눈, 코, 입이 그대로 드러나 있는 것을 보고 나를 살포시 안아주셨다고 한다. 사실 3남매 중 내가 아빠와 가장 많이 닮았다. 외모도 성격도 말이다. 아빠와 똑 닮은 얼굴의 아이는 무럭무럭 자라나기 시작한다. 처음에는 작은 아기로 태어났는데 뭐든지 잘 먹고 잘 놀아서 쑥쑥 자랐다. 그 아이는 딸이란 게 무색할 정도로 씩씩한 선머슴같이 자라기 시작했다. 비가 오는 날에 웅덩이에 뛰어드는 것은 기본이고 자기보다 나이가 많은 언니들조차 자기 밑의 조직(?)의 일원으로 들어오게 만들었다.

그 아이가 여자가 되던 날은 초등학교 6학년 어느 여름날이었다. 그녀는 자신의 팬티에 묻은 빨간색 흔적을 발견하게 된다. 당황스러웠다. 조심스럽게 엄마에게 다가가서 "엄마, 나 거기에서 피났어."라고 말했다. 엄마의 얼굴은 묘하게 일그러졌다. 아마도 엄마는 당혹감을 느끼신 것 같았다. 그리고 그것이 '생리'라고 말씀해주셨다. '생리'와 관련된 그 어떤 생물학적 이야기도 여성의 임신 가능성 같은 부가 설명도 없었다. 다만 앞으로 생리가 시작되면 팬티에 이것을 대어야 한다고, 그래야 속옷이 젖지 않는다고 말씀하시며 그 자리에서 '생리대 사용법'을 가르쳐주셨다. 그게 다였다. 지금에야 딸이 '첫 생리'를 하는 날이면 엄마아빠가 꽃다발을 주며 '네가 진정한 여자가 된 것을 축하한다!'라며 박수치고 축하해주는 분위기이지만 그때만 해도 여성의 월경에 대해선 쉬쉬하며 조심스럽게 이야기하는 분위기였다. 그리고 엄마는 덧붙여서 '이제 조신하게 행동하고 몸조심해야 해.'라고 일러주셨다. 몸조심하라는 뜻의 의미도 제대로 알지 못한 채 그렇게 나는 13살에 '여자'가 되었다.

대한민국에서 '여자'로 태어난 것을 후회하지 않는다고 말하면 거짓말이다. 오늘 아침에도 여성을 상대로 한 '강력범죄' 뉴스를 듣다가 잔혹한 내용에 나는 눈을 질끈 감아버렸기 때문이다. 사실 나는 범죄의 표적이 될 만큼 연약한 스타일은 아니다. 오히려 상대의 중요 부위(?)를 걷어차고 온 힘을 다해서 도망칠 만한 여자라고 말할 수 있다. 그러나 그렇다고 내가 그런 범죄가 두렵지 않은 것은 아니다. 사실 대한민국에서 여자로 살아가기란 쉽지 않다. 하루가 멀다 하고 여성에게 일어나는 '폭력, 범죄' 등을 각종 뉴스에서 떠들어대는 것을 듣다 보면 '정말 이 나라는 '무법지대'인가' 하는 생각이 들곤 한다. 나는 이 책에서 여성에 대한 불평등이나 페미니즘에 관해서 연설할 마음은 없다. 나는 그 분야의 전문가도 아니고 여성 범죄에 관한 이야기를 듣기만 해도 두려움에 떠는 지극히 평범한 여성이기 때문이다. 다만 대한민국에서 여자로 살아가는 것이 어떤 느낌인지에 대해서 짧게 예시를 든 것이다. 대부분의 수많은 여성은 혹시라도 자신이 그 피해자가 될까 봐 항상 두려움에 떨고 있다는 사실을 최대한 많은 사람들이 공감해주길 바라면서 말이다.

여자는 3번 태어난다. 딸로, 여자로, 엄마로!

　지금껏 딸로 살아온 나, 여자로 살아온 나 그리고 엄마로 살아온 나의 삶을 비교해볼 때 가장 힘들고 노력을 많이 해야만 했던 시기는 바로 '엄마'의 삶으로 살아가는 인생이었다. 엄마의 삶은 정말 극한의 노력으로 이루어진다. 사실 그 인생에는 끝이 없다. 아이가 성인이 되고 독립을 하고 결혼을 해도 엄마는 여전히 자식 걱정을 하며 살아간다. 부모님이 돌아가시고 난 후에야 그들의 자식 사랑이 끝이 난다는 말은 정말이었다.

　딸과 여자의 인생으로 살아갈 때는 나 자신의 몸만 제대로 건사하면 괜찮았다. 학창시절엔 열심히 공부하기만 하면 되었다. 대학교를 졸업 후 직장인이 된 후부터는 열심히 돈을 벌고 적금을 넣기도 하며 성실하게 살아왔다. 그렇게 '딸'과 '여자'의 삶을 겪다가 마지막으로 극한의 단계인 '엄마'로 살아가는 삶을 경험했다. 그리고 그제야 "여성은 3번 태어난다. 딸로 여자로 엄마로!"란 말이 진심으로 이해가 되기 시작하였다.

　여자가 출산을 하고 '엄마로 새로 태어난다!'는 말의 숨겨진 의미를 한 번 생각해보자. 일단 여성은 출산을 하고 나면 출산을 겪지 않은 '여자'의 몸으로 되돌아갈 수 없다. 즉 아가씨일 땐 존재하지 않았던 '축 늘어진 배'와 모유 수유를 하면서 '처진 가슴' 등은 아이 출산 후 몸에 남는 영광의 흔적이다. 그리고 당신은 이제부터 당신의 이름 석 자보다 'ㅇㅇㅇ 엄마'라는 이름으로 본격적으로 호칭되기 시작한다. 슈퍼에서도 학교에서도 길거리에서도 마찬가지이다. 갓난아이를 돌보는 엄마들은 아이가 돌이 되기 전까지 외출이 쉽지 않다. 그녀들은 만날 때마다 근 1년 동안 아무도 그녀들의 이름 석 자를 불러준 사람이 없다고 한탄한다. 그녀의 이름 석 자를 또박또박 불러주는 단 한 사람은 그녀의 남편도 아니고 친정 아빠도 아닌 바로 '택배기사님'이다.

수능을 앞둔 고3 때보다도, 대학교 졸업을 앞두고 아직 취업에 성공하지 못해서 건드리면 폭발할 듯 불안했던 미취업자 시절도 그렇게까지 힘들진 않았다. 나는 32살에 결혼을 하였고 결혼 후 자연스레 임신을 하며 초기 입덧으로 몇 달 동안 고생을 하였다. 일명 토덧으로 음식물을 넘길 수 없을 정도로 속이 메슥거리고 울렁거리는 증상이었다. 2개월 이상 계속되는 입덧에 살이 10kg 이상 빠졌다. 입덧이란 배속의 태아가 잘 적응하기 위한 과정이라고 생각하고 좋은 마음으로 아이를 위해 참을 수 있었지만 사실 그것보다 더한 고통이 존재했다.

입덧으로 10kg이 빠져도 출산의 고통에 비할 수 있을까? 나는 출산 당일 아침 7시부터 밤 9시까지 15시간 이상의 긴 진통에도 불구하고 결국 자궁 문이 열리지 않아 수술로 아이를 출산하였다. 진통하는 동안 나는 무통 주사가 효과가 없어서 출산의 그 고통을 고스란히 느껴야만 했다. 결국 수술이 결정되고 차가운 수술대에 올라가서 마취가 되기를 기다리고 있는데 그 순간 머릿속에 한 가지 생각이 떠올랐다. '내가 과연 수술 후 다시 눈을 뜰 수 있을까?' 여전히 수많은 여성이 목숨을 걸고 출산을 하고 있다. 현대 의학의 기술은 발전하였지만 출산 당시에 어떤 응급 상황이 발생할지 예측할 수 없는 일이다. 사실 여성들은 출산이 진행되는 그 긴박한 순간에도 자신이 다시 세상으로 돌아올 수 있을까 하는 걱정을 여전히 하고 있다.

여성으로 살아오면서 가장 힘들었던 때는 바로 '육아'를 시작하면서부터였다. 사실 '육아'는 끝이 없다. 아이를 낳는 순간부터 부모인 내가 죽을 때까지 아이를 키워야 하는 삶의 긴 여정이 바로 육아이다. 현 인류가 느낄 수 있는 가장 고난도(高難度), 고강도의 처절한 노동이 바로 '육아'이다. 나는 육아가 그렇게 힘든 것인지 상상조차 하지 못했다. 육아가 그렇게 힘든 건 줄 미리 알았다면 어쩌면 나는 딩크(Double Income, No Kids)로 살아갔을지도 모르겠다. 그만큼 한 명의 소중한 생명체를 건강하게 잘 키우기 위해선 막중한 책임감이 따른다. 그 시절 내가 어떻게 버틸 수 있었는지 아직까지도 의문이다. 육아를 시작하면서 100일 동안의 기억들은 도통 떠오르지 않는데 마치 내 머릿속에서 그때의 기억만 통째로 지워버린 것 같은 느낌이다. 엄마들이 아이를 낳고 나서 뇌세포가 반쯤 죽었다가 되살아난다는 무시무시한 말들을 했는데 이제와 생각해보니 그 말의 의미를 알 것 같다.

　우리는 대한민국에서 여자로 태어났고 여자로 살아가고 있고 여자로 늙어갈 것이다. 여성으로 살아가는 것 자체는 힘든 일의 연속이지만, 여성이기 때문에 경험하고 느낄 수 있는 행복들도 존재한다. 사실 육아를 가장 힘든 일로 손꼽았지만 나는 아이를 낳은 것을 후회하지 않는다. 당신이 비혼이든 딩크족이든 이혼녀이든 돌싱녀이든 상관없다. 사실 겉으로 보이는 허울들은 모두 당신의 인생에서 중요한 것이 아니다. 당신이 어떤 선택을 하고 어떤 삶을 살아가든지 당신이 행복할 수만 있다면 당신의 모든 선택은 다 옳은 것이다.

　그렇다. 당신의 선택은 모두 옳다.

2

내 마음과
정면으로 마주하라

    여러분은 지금껏 살아오면서 자기 자신의 마음과 정면으로 마주해본 적이 있는가? 이것은 단순히 외출 준비를 하면서 거울을 보는 것을 의미하는 것이 아니다. 당신 속의 진실한 마음의 소리를 들어본 것이 언제였는지 기억을 떠올려보자.

    내가 처음으로 내 마음에 귀를 기울였던 때는 수능을 막 끝낸 고3 수험생 시절이었다. 수험 성적이 발표되면서 나는 어느 대학교에 입학원서를 쓸지 고민하고 있었다. 그때 한창 드라마 〈호텔리어〉가 인기를 얻고 있었고 나는 멋진 정장을 입은 여성 호텔리어의 모습에 반하고 말았다. 내가 관광호텔학과를 지원하겠다고 말씀드렸을 때 부모님은 반대하셨다.

평범한 집안의 공무원이었던 우리 아빠는 3남매의 사립대학교 등록금만으로도 이미 어깨가 무거웠다. 그리고 아빠는 유독 자신이 가장 귀여워했던 둘째딸이 졸업 후 취업이 잘되는 학과에 들어가서 평생 취업 걱정, 돈 걱정 없이 살기를 바라셨다. 아빠는 내가 간호학과에 가기를 원하셨고, 나는 관광호텔학과에 가고 싶어 했다. 나는 어떻게 해야 할지 갈팡질팡 고민하기 시작했다. 아직 나는 미성년자니까 부모님의 말씀을 따라야 할까? 하지만 나는 관광호텔학과에 가고 싶은데 어떻게 하면 좋을까?

그때가 처음이었다. 조용히 나 자신의 마음과 정면으로 마주 봤던 그 순간이….

나는 나 자신이 진정으로 원하는 것이 무엇인지 생각하며 내 마음이 이야기하는 소리에 귀를 기울였다. 어느 정도 시간이 지나니 신기하게도 내 마음이 스스로 결정을 내렸다. 결국 나는 관광호텔학과에 지원했다. 그리고 아빠에게 죄송한 마음에 장학금을 목표로 열심히 공부하여 대학을 졸업할 때까지 성적 우수 장학금을 4번 받았다. 아빠의 부담감을 조금이라도 덜어드릴 수 있어서 기뻤다. 아빠는 나에게 '성적장학금을 받아서 자랑스럽다'고 말씀해주셨다. 지금 생각해보면 나는 호텔리어가 정말 되고 싶었기에 매일 아르바이트를 하고 야간 수업을 듣는 힘든 일상이었음에도 즐겁게 공부할 수 있었던 것 같다.

자, 지금 이 순간 여러분의 마음과 정면으로 마주해보자. 당신의 눈앞에 거울을 놔두고 거울 속 자신의 눈을 들여다보자. 조용히 그러나 진지하게 당신의 마음속 이야기를 들어보자. 당신이 지금 가장 원하는 것은 무엇인가? 당신이 지금 진실로 꿈꾸고 있는 것은 무엇인가? 여러분의 마음속에서 하나둘씩 당신이 진심으로 꿈꾸는 것이 나타나기 시작할 것이다. 그것은 취업이나 안정된 직장, 혹은 사랑, 연인, 부, 행복, 성공, 희망, 꿈 등이 될 수 있다. 많은 것 중 당신이 간절히 원하는 것은 단 하나이다. 그리고 그것은 당신의 인생에서 가장 중요하다고 여기는 '가치'이다.

이제 와서 고백하건대 나는 20대 시절 많은 사람들에게서 사랑을 받고 싶었다. 그것은 이성에게도 동성에게도 심지어 지나가는 할머니, 할아버지에게도 모두 적용되었다. 그저 많은 사람이 나를 사랑해주길 바랐다. 어디서든지 예쁨받고 싶었다. 상대방에게 친절하게 대하고 항상 생글생글 웃고 다녔다. 덕분에 대학교 때 별명은 '스마일 퀸'이었다. 그러나 어느 순간 나는 점점 지쳐갔다. 사람을 만나는 게 피곤해지기 시작했다. 내가 컨디션이 좋지 않아도 웃어야 했고 내가 피곤할 때도 상대방을 배려해서 웃어줘야 했다. 누가 시키지도 않았는데 나 스스로 그렇게 행동하고 있었다. 즐겁지 않은데도 버릇처럼 나는 웃고 있었다. 그런 식의 대응방법은 소개팅에 나가서도 그대로 드러났다. 나는 그가 마음에 들지 않앉음에도 그가 하는 말에 열심히 '네네' 하며 맞장구를 쳐주고 있었다. 잘 웃어주는 내가 만만했던 건지 아니면 별로 마음에 안 들었던 건지 그들은 곧 나에게 흥미를 잃었고 나는 그 흔한 애프터신청도 별로 받아보지 못했다. 그렇게 마음에 상처를 입는 날이 많아졌다. 소개팅 남에게 차이기라도 한 날은 '그렇게 밝게 웃으며 맞장구를 쳐줬는데 네가 날 차다니? 사실 나도 너 별로 마음에 안 들었어!'라고 속으로 소리쳤지만 마음은 여전히 땅 밑으로 꺼지는 것 같았다. 솔직히 자존심도 상했다.

그런 날은 집에 일찍 들어와서 거울 속의 나 자신에게 말을 걸곤 했다.

'나는 왜 이 처음 보는 낯선 사람 앞에서 인형처럼 웃고만 있는 거지? 이 사람에게 내가 꼭 잘 보여야만 하는 이유가 있나? 왜 모두에게 사랑받으려고 하는 거지?'

그렇게 한참을 바라보고 있으니까 어느 순간 내 마음이 나에게 대답을 해주었다.

'그냥 있는 그대로 해. 너 자신을 바꾸지 말고, 그냥 있는 그대로 네 모습으로 살아도 괜찮아. 굳이 모두에게 사랑받을 필요는 없어. 그러니 그냥 있는 그대로 살아.'

그 후로 더 이상 억지로 남에게 친절하게 대하려고 노력하지 않았다. 내 감정에 솔직해지기 시작했다. 굳이 모든 사람에게 사랑받으려 하지 않게 되었다. 애초에 모든 사람에게 사랑받는 것은 불가능한 일이었는데 나 혼자 그렇게 전전긍긍하고 있었다. 나는 내 모습 그대로 사람들을 대하기 시작했고 더 이상 사람들을 만나는 게 괴롭고 힘들지 않게 되었다.

당신도 마찬가지다. 혹시라도 지금 만나고 있는 그 친구가 당신과 맞지 않는가? 그럼 다른 친구를 만나자. 지금 다니고 있는 그 직장이 너무 괴로운가? 그럼 다른 직장도 알아보자. 지금 만나고 있는 그 남자가 당신을 힘들게 한다면 더 이상 그 만남을 이어갈 필요가 없다. 당신은 이미 알고 있다. 당신이 있는 그대로 행동할 때도 그것을 받아주고 인정해주고 사랑해주는 사람이 있다는 것을 말이다. 우리는 매사에 그렇게 나 자신으로 살아가야 한다.

내 마음과 정면으로 마주해보면 내가 원하는 것이 무엇인지 명확해진다. 그리고 그것을 위해 내가 지금 이 순간 무엇을 해야 하는지도 알게 된다. 내가 부자가 되고 싶다면, 지금부터 돈을 많이 벌 수 있는 방법을 생각하기 시작한다. 어떤 공부를 해야 할지, 어떤 자격증을 따야 할지, 어떤 직업을 가져야 할지 첫 단계부터 시작한다. 사랑하는 연인을 만나고 싶다면 지금부터 연인을 만날 수 있는 방법을 적극 고민해야 한다. 친구들에게 소개팅을 부탁하고 다양한 동아리 활동에 참여해서 인맥을 형성한다. 적극적으로 자신을 어필할 수 있는 방법을 터득해서 어느 날 갑자기 마음에 드는 사람을 만났을 때 놓치지 않는 순발력을 발휘해야 한다. 생각만 해도 즐겁지 않은가? 내가 마음속에 원하는 것이 무엇인지 알게 되는 순간부터 나에겐 새로운 목표가 생긴다. 열심히 하고자 하는 의지가 생긴다. 한 걸음씩 차근차근 걸어가면서 나 자신이 성장하기 시작한다.

자본주의 국가에서 욕구가 있는 것은 당연한 것이다. 당신의 마음이 원하는 물질적 욕구를 당당하게 마주하고 받아들이자. 그것은 당신이 진정으로 원하는 것이다. 욕망은 부끄러운 것도 아니고 숨길 것도 아니다. 당신의 욕구를 당당하게 드러내고 그 욕망을 얻기 위해 노력하며 달려나가야 한다. 선한 욕망은 나에게 만족감을 주고 나를 성장시키는 도구가 된다. 예를 들어 시험성적을 100점 받고 싶다, 넓은 집에서 살고 싶다, 좋은 차를 운전하고 싶다 등 이런 것들은 나 자신이 좀 더 좋은 경험을 해보고 싶어서 높은 이상의 욕구를 추구하는 것이다. 당신에게 긍정적인 원동력이 되는 욕망은 당신이 꿈꾸는 삶에 당신을 좀 더 일찍 데려다준다.

당신이 원하는 그것을 가지기 위해 열심히 노력하다 보면 어느 순간 꿈꾸는 삶에 가까이 다가가 있는 당신의 모습을 발견하게 된다.

　남에게 피해가 가지 않는 선에서, 자신이 누리고 싶은 모든 부와 명예, 성공, 욕망을 세상에 드러내라. 욕망은 인간을 성장시킨다. 다음 달에 토익점수를 700점 받고 싶다면 목표와 보답을 종이에 적어서 책상에 붙여라. 그리고 내가 그것을 이루면 그 보답을 나에게 노력의 선물로 주는 것이다.

　당신은 그것을 충분히 받을 자격이 있다. 당당하게 선물을 받고 기뻐하자. 당신의 마음도 당신을 따라 웃게 될 것이다.

3

여자,
인생의 판을 바꿔라

인생을 바꾸기 위해선 여러 가지 방법이 있다.

우선 대표적인 성공방식은 자신이 원하는 꿈과 목표를 정하고 그것을 위해 내가 지금부터 무엇을 어떻게 해야 할지 차근차근 계획을 세우는 것이다. 그리고 그 계획에 따라 한걸음, 한걸음씩 앞으로 나아간다. 그 목표를 이룰 때까지 매일 조금씩 변화하면서 앞으로 나아가다보면 어느새 그 목표에 도달한 내 모습을 발견하게 된다. 그게 10년 후든, 20년 후든 말이다. 물론 위의 방법은 보편화된 성공방식이 맞다. 당신이 그렇게 해서 성공할 수만 있다면 나는 기쁠 것이다. 그러나 혹시 이렇게 생각하고 있지는 않은가?

'오~ 저렇게 하면 성공하는구나. 그래, 맞아. 모두들 열심히 살아서 성공한거지. 역시 내 노력이 부족했어. 나도 참 또 게으르게 살고 있었네. 최선을 다해서 꼭 그 꿈을 이루고 말거야! 그렇게 10년, 20년 후에 성공하면 최고지!'라고 생각하고 있다면 잠시 당신의 현재 모습을 한번 되돌아보자.

당신은 항상 열심히 살아왔다. 과거부터 지금까지 꾸준히 말이다. 당신의 노력 여부를 부정하는 것은 아니다. 다만 그렇게 열심히 살아왔건만, 현재 당신이 서 있는 그 자리는 당신이 진정으로 원하던 그 자리가 맞는가? 아니면 아직도 성공에 목말라하면서 당신이 꿈꾸는 삶을 여전히 부러움의 눈으로 바라보고 있지는 않은가? 솔직히 말하자면 당신이 여태껏 해온 방식으로는 결코 당신이 꿈꾸는 삶에 도달할 수 없을 것이다. 갑자기 무슨 소리를 하는 거냐고? 당신의 희망을 무참히 꺾어버리고자 이 이야기를 하는 것은 아니다. 당신이 진정으로 성공하고 싶다면 당신이 서 있는 그 자리부터 바꿔야 한다는 것이다. 즉 당신이 지금 서 있는 그 인생의 판의 위치를 바꿔야만 한다.

우리는 우리 자신의 현재 위치를 먼저 파악해야 한다. 지금 나는 어느 자리에 서 있는가? 지금 나는 인생의 어느 판 위에 서 있는 걸까? 성공자의 방식을 따라 하는 것도 좋지만 사실 가장 빠른 방법은 내가 직접 그 성공자의 삶에 뛰어들어서 가까운 곳에서 그들과 함께 숨 쉬는 것이다. 직접 성공자의 삶을 느껴보는 것이다. 내 삶의 흐름을 바꾸고 지금 내가 서 있는 이 인생의 판을 성공자의 인생의 판으로 옮겨가야 한다. 그래야만 비로소 내 인생의 판이 바뀌게 된다.

자. 여기 당신이 살아온 인생의 판이 있다. 당신은 할 수 있는 최선의 노력을 하면서 지금 의 이 자리까지 왔을 것이다. 당신이 현재의 삶에 만족하던 만족하지 않던 지금 당신이 서 있는 그 자리는 여태껏 당신이 살아온 생각과 선택의 결과물이다. 혹여나 당신이 '나는 지금 내가 서 있는 이 자리의 삶에 만족하고 행복하다.'라고 생각한다면 더 이상 이 페이지를 읽을 필요가 없다. 당신이 관심 있어 하는 사랑, 연애, 결혼 등에 대한 파트로 책장을 넘겨도 좋다. 하지만 만약 당신이 지금 서 있는 당신의 현재의 삶보다 조금 더 나은 인생의 위치로 옮겨가고 싶다면 끝까지 집중하자. 지금 서 있는 그 자리에서 머물고 있는 동안 당신은 그곳에서 허락된 제한된 부와 성공을 누릴 수밖에 없다.

지금 당신이 서 있는 그 자리에는 당신과 비슷한 수준의 사람들만 모여 있다. 우리는 스스로 의식하지 못한 채 자신과 비슷한 수준의 사람과 어울리게 된다. 즉 나보다 잘난 사람과의 만남은 왠지 부담스럽다. 당신의 마음을 편하게 해주는 사람은 당신과 의식수준이 비슷한 사람들이다.

인간은 자신이 지니고 있는 에너지와 비슷한 에너지끼리 공명하길 원한다. 나와 비슷한 기운을 뿜어내는 사람은 왠지 낯설지 않다. 에너지 주파수가 맞아서 편안함을 느낀다. 그렇기에 끼리끼리 모인다는 말이 현실로 나타나는 것이다.

당신이 만약 좀 더 멋진 삶을 살고 싶다면 당신이 꿈꾸는 성공자, 즉 부자들과 관계를 맺기 위해 그들이 있는 곳으로 움직여야만 한다. 당신은 그들을 만날 수 있는 곳으로 찾아가야 한다. 어떤 수단과 방법을 써서라도 말이다. 당신이 만약 사회적으로 성공한 사람들의 곁으로 인생의 판을 옮겼다고 가정해보자. 당신은 고급아파트로 이사를 갔다. 매일 아침 엘리베이터에서 그들과 마주친다. 아직까지도 간간히 부자들을 악랄하고 자기 실속만 차리는 사람들 이미지로 묘사하곤 하지만 우리는 이미 사실을 알고 있다. 성공한 사람들이 더 예의를 잘 지키고 매너가 있다는 사실을 말이다.

사실 그들이 그렇게 성공할 수 있었던 이유도, 남들보다 예의 바르고 성실하며 친절한 성격 등이 삶의 플러스요인이 되었을 가능성이 높다. 당신이 평범한 인생을 살아왔다면 지금껏 당신이 보고 경험했던 삶과는 다른 삶을 간접적으로 경험하게 될 것이다. 즉 그들이 하는 말투, 생각, 삶의 사고방식 등을 가까이에서 듣고 보고 배울 수 있게 된다.

당신이 지금 돈이 넉넉하지 않다고 해도 고급스런 정장 옷은 꼭 한 벌 마련하기를 바란다. 그리고 기회가 된다면 성공인들의 모임에 참석하길 바란다. 당신은 새로운 세상을 경험하게 될 것이다. 당당하고 자신 있게 그곳에서 인맥을 만들기 위해 노력하는 것도 추천한다. 아마 당신은 처음 그런 곳에 참석하면 불편함을 느낄 수도 있다. 어쩌면 집으로 돌아오면서 그들과 나의 삶을 비교하며 자책할 수도 있다.

부자들의 삶을 간접적으로나마 경험한 당신이 어떤 태도를 취하느냐에 따라서 당신의 삶이 비약적으로 업그레이드되느냐, 아니면 현실부정과 자기비하 모드로 들어가게 되느냐가 결정된다.

첫 번째, 부자들의 삶을 부러워하며 현실의 나를 비참하게 느끼고 신세한탄을 하며 부모를 원망하고 절망하는 사람.

두 번째, 부자들의 삶의 모습을 보며 동기부여가 되어 그들처럼 넉넉하고 풍족한 삶을 살고 싶다는 의지가 커지는 사람. 부자들의 삶을 따라하려는 사람.

여러분이 생각하기에 어떤 사람이 성공할 수 있을까? 맞다. 바로 두 번째이다.

솔직히 나도 성공한 사람들의 고급 승용차와 비싼 옷, 희귀한 명품 액세서리 등을 바라보고 있자면 입이 벌어졌다. 우아한 이브닝드레스 같은 건 연예인이나 입는 것인 줄 알았기에 어느 고급 레스토랑에서 심플한 이브닝드레스를 입고 온 그녀를 넋 놓고 바라본 적도 있었다. 나 자신도 그렇게 되고 싶었다. 예쁜 이브닝드레스를 입고 레스토랑에서 우아하게 식사를 해보고 싶었다. 그러나 현실은 녹록지 않았다.

나의 20대 대학교 시절은 매일 반복되는 아르바이트의 일상이었다. 아르바이트를 하고 야간수업을 들으며 여름방학 때도, 겨울방학 때도 용돈을 벌어야만 했다. 매번 돈 때문에 힘들어하는 부모님의 얼굴을 보면서 돈이 없는 삶은 불행해 질 수밖에 없다는 것을 일찍 깨달았다. 하루 빨리 돈으로부터 자유로워지고 싶어졌다. 그러나 내 주변에는 눈을 씻고 찾아봐도 '부자'란 사람이 없었다. 나의 주변 사람들은 익숙하게도 모두 우리 집과 비슷한 형편들이 많았다. 왜 내 주변엔 부자가 없는 걸까? 그 흔한 부자라는 사람들이 왜 내 주변엔 단 한 명도 없는 걸까? 그때는 왜 그런 건지 이유를 몰랐다. 하지만 돌이켜 생각해보니 이유가 명확했다. 사회적으로 내 위치는 딱 거기였던 것이다. 나는 부자들과는 거리가 먼 평범한 하층민의 삶을 살고 있었다.

인생을 바꾸고 싶어서 본격적으로 재테크공부를 하기 시작했다. 재테크 카페에는 고수들이 많이 있을 거라고 생각했고 어쩌면 내 인생이 바뀔 수도 있을 거라는 기대감이 들었다. 처음엔 금리가 높은 통장이나 이자를 많이 주는 은행 등을 알아가며 소소하게 경제에 대한 전반적인 지식을 습득하기 시작했다.

그렇게 한 4개월쯤 지났을까? 카페에 공지 글이 하나 올라왔다.

'당신을 초대합니다.
부자가 되는 8월의 크리스마스
장소 – 서울 강남구 역삼동 ○○'

드디어 카페가 생긴 이래 처음으로 모임 날짜가 정해진 것이었다. 나는 심장이 두근두근 뛰기 시작했다.

4

꿈은 크게 가질 것,
그리고 큰 소리로 말할 것

대망의 그날이 되었다. 나는 깔끔한 원피스를 입고 곱게 화장을 한 채 설레는 마음으로 KTX를 탔다. 가는 내내 가슴이 두근거렸다. '서울 사람들은 어떨까? 전부 깍쟁이라는 말이 있던데 아무도 나에게 말을 안 걸어주면 어떡하지? 부자들이 나를 상대도 안 해주면 어떡하지?' 이런 저런 생각들이 걱정으로 변하기 시작했다. 그러다가 혼자 세차게 머리를 흔들었다. 이왕 강남까지 온 거 맛있는 음식 많이 먹고 즐겁게 놀고 오자고 스스로 마음을 다잡았다. 부담감을 덜어내고 나니 마음이 편안해졌다.

이윽고 약속장소에 도착하였다. 강남 파티 모임 장은 이미 많은 사람들로 북적이고 있었다. 어색하게, 그러나 반갑게 인사를 나누고 서로 각자의 자리에 앉았다. 차례차례 순서대로 자기소개를 하기 시작했다. 연 매출 10억의 떡집 CEO 30대 초반의 남자 사장님, 대기업을 다니는 30대 여성분, 연 수익 10억의 여자 세무사님 등이 내 옆자리에 앉으셨다. 그분들의 소개를 듣다 보니 점점 주눅이 들기 시작했다. 나는 특별히 잘하는 것도 없고 좋은 직장을 다니는 것도 아닌데…. 고민하던 찰나 내 차례가 되었다.

"안녕하세요. 대구에서 직장을 다니고 있는 ○○○입니다. 저는 틈틈이 글을 쓰고 있습니다. 나중에 작가가 되고 싶습니다. 감사합니다"

내 입에서 불쑥 작가가 되고 싶다는 말이 나왔다. 은연중에 작가에 대한 꿈은 있었지만 갑작스런 마음의 소리가 밖으로 나와서 나 스스로 어리둥절하고 있었다. 그런데 그 순간에 주변 사람들이 나에게 '아, 그럼 작가님이시네요? 곧 작가님 되시겠네요. 반갑습니다. 남 작가님!'이라고 말을 해주는 것이 아닌가! 나는 그날 파티 내내 '남 작가님'이라고 불렸다. 그 황홀한 느낌이라니!

과거 일을 떠올리며 이 글을 쓰면서도 그때의 기분이 생생하게 기억이 난다. '남 작가님'이라는 호칭이 아주 기분 좋았다. 그때도 역시 나는 책을 좋아했고 수많은 책을 씹어 먹고 있던 시절이었으니 말이다. 내 서재

엔 항상 책이 많이 꽂혀 있었는데 어느 순간 그 책들을 바라보며 '내 이름으로 된 책 한 권 정도는 내야지.'라는 생각을 가끔 했다. 그런데 그날 모임에서 나는 수많은 사람에게 이미 '남작가'로 불린 것이다. 마치 상상만 하던 것이 현실로 이루어진 것 같았다. 많은 사람들이 나를 남작가로 불러주는 것은 실로 대단한 힘이었다. 그때는 말의 힘에 대해서 잘 알지 못했는데도 머지않아 그 말이 현실로 곧 나타나게 될 거란 걸 온몸으로 느낄 수 있었다.

여러분이 진정으로 자신이 원하거나 이루고 싶은 것이 있다면 가장 좋은 방법은 수많은 사람 앞에서 그 목표를 '선포'하는 것이다. 예를 들어 당신의 목표가 '3개월 안에 10kg을 감량하는 것'이라면 지금 바로 당신의 주변 사람들에게 그 약속을 선포하라! 가족에게도 친구에게도 회사에서도 말이다. 만약에 당신이 '3개월 동안 10kg를 빼고 말거야.'라고 선포했다면 그 후 당신의 행동에는 변화가 일어나기 시작한다. 배고픔에 냉장고 문을 열었다가도 문득 많은 사람들 앞에서 자신의 입으로 3개월 동안 10kg 살을 빼겠다고 선언한 것을 기억한다. 여기서 실패하면 사람들이 나를 나약한 사람으로 볼까 봐 두렵다. 자존심이 상한다. 내가 실패자가 되는 것은 싫다. 음식에 대한 유혹이 들 때마다 사람들에게 그 목표를 선언한 자신의 모습을 떠올린다. 다시 냉장고 문을 닫는다. 결국 당신은 다이어트에 성공하게 된다.

고 1 때부터 '나는 꼭 학교 선생님이 될 거야.'라며 말하고 다니는 친구가 있었다. 솔직히 그녀의 성적은 중하위권이었기에 우리 모두 그녀의 말을 심드렁하게 듣고 넘겼다. "그래, 그렇게 될 거야."라며 마음에도 없는 말대꾸를 해주면서 말이다. 그랬던 그녀가 고등학교 3학년이 되면서 공부에 집중하더니 결국 자신이 원하는 교대에 합격하게 되었다. 우리는 깜짝 놀라서 너 어떻게 교대에 합격했냐며 신기해했는데 그때 그녀가 한 말이 기억에 남는다. '난 꼭 선생님이 될 거라고 얘기했잖아. 난 내가 반드시 교대에 갈 수 있을 거라고 항상 생각해왔어.' 그녀의 굳건한 믿음과 반복되는 말의 힘이 그녀의 노력과 더불어 그녀의 소원을 현실로 이루어지게 만든 것이다.

다시 한 번 강조하지만 말의 힘은 중요하다. 옛 어른들의 말씀에도 '말을 함부로 하지 말'고 하지 않았던가! 말에는 힘이 있기에 똑같은 말을 계속 반복하다 보면 그 말은 점점 더 큰 힘을 갖게 된다. 그리고 말에 힘이 실리기 시작하면 그것은 머지않아 현실로 나타나게 된다. 말을 함으로써 내 생각의 에너지가 사념체가 되고 그 말을 반복함으로써 뇌가 실제로 그 일이 일어난 것처럼 착각하기 때문이다. 이것이 반복되면 현실로 창조되어 나타난다. 당신이 자주 내뱉는 말이 긍정적이든 부정적이든 그것은 당신의 현실로 나타날 확률이 높다. 그러니 부정적인 생각과 말은 입 밖으로 내지 않는 것이 좋다.

당신의 입에서 그 '말'이 입 밖으로 나오는 순간, 그것을 당신의 '귀'가 한 번 듣고 타인의 '귀' 가 2번 듣는다. 그렇게 말을 하면 할수록 점점 더 자신의 무의식에 강하게 새겨지기 시작한다. 여러분의 주변에도 자신의 소원을 반복적으로 이야기하는 사람이 있다면 그를 한번 유심히 지켜봐라. 머지않아 그는 자신의 소원대로 이루어져 있을 것이다. 여기서 중요한 것은 잠깐의 흥분된 감정으로 말을 쉽게 내뱉고 번복하는 사람은 제외된다는 것이다. 우리 주변엔 당시의 들뜬 감정으로 반드시 그것을 해내고 말겠다고 의기양양하게 말해놓고는 몇 달 뒤 그것을 기억조차 못하는 사람도 많기 때문이다. 진정으로 자신이 원하는 것을 반복적으로 말하고 다니는 사람은 결국 그 꿈의 근사치에 가까워지고 그것을 현실로 이뤄내고 만다. 그러나 인생을 살아가는 데 부정적이고 나약한 사람들이 흔히 보이는 말투는 다음과 같다.

"~하는 것은 무리야."
"~하는 것은 힘들어."
"나는 그런 거 잘 못 할 거야, 아마도."

그들은 하고 싶은 일이 있거나 원하는 것이 생기더라도 이와 같은 말투로 변명을 늘어놓기 바쁘다. 곤란한 이 상황에서 빨리 벗어나고만 싶다. 그들은 무엇을 망설이고 있는 걸까? 말의 힘이 그들의 운명을 바꿀 수 있다는 것을 알게 되었는데도 그들은 왜 여전히 부정적인 말만 반복하고 있는 것일까? 사실 부정적으로만 생각하며 살아오던 사람이 한순간에 긍정적으로 바뀌기란 쉽지 않을 것이다. 차마 입이 떨어지지 않고 어색하기 그지없을 것이다. 그러나 당신은 변화해야만 한다. 현재의 불만족스러운 당신 모습으로 더 이상 살아가고 싶지 않기 때문이다. 당신이 부유하고 행복한 삶을 살기 위해서는 지금부터 당신의 말투를 바꿔야 한다. 말투는 우리 인생을 완전히 바꿀 수 있을 만큼 큰 '암시'의 힘을 지니고 있기 때문이다. 부정적인 말투는 나도 모르게 자신에게 부정적인 암시를 걸게 된다. 그러나 당신이 '난 할 수 있어!'라는 말을 입버릇처럼 하기 시작하면 어떻게 될까? 당신은 어느새 당신이 정말로 잘 할 수 있을 거라는 믿음이 생긴다. 말에는 암시의 힘이 있기 때문이다.

또 무언가를 이루고 싶을 때는 '이루고 싶어.'라는 말보다 '이미 이루어졌어.'라는 완료형 말투를 쓰는 것이 좋다. 당신은 이미 그 소원이 이루어진 것처럼 말하고 온 몸으로 이미 이루어진 그 기분을 느껴야 한다. 마치 내가 5년 전에 이미 '남 작가'로 불린 것처럼 말이다. 당신이 '소원 완료형'으로 말을 하다 보면 정말로 그것은 현실로 나타나게 된다. 당신이 느낀 그 느낌 그대로 말이다.

5

세상에 단 한 명뿐인
여자가 될 준비를 하라

대한민국 사람들은 유난히 사주에 관심이 많다. 매년 새해가 되면 한 해의 길흉화복을 점쳐보는 사주팔자 집은 문전성시를 이룬다. 그들이 한 해의 운세를 점쳐보는 이유는 대체적으로 비슷하다. 일반적으로 가족의 평안과 힘든 일 없이 무탈하게 잘 지내기를 1년 동안 바라는 마음으로 새 해 점을 보는 경우가 대다수다. 종교와는 상관없다. 기독교든 천주교든 불교든 결국 자식이 올 한해 평안하게 잘 지내기를 바라는 부모마음은 종교와 상관없이 동일하기 때문이다.

사주팔자는 태어난 년, 월, 일, 시간을 가지고 전체적으로 인간의 삶의 방향과 길흉화복을 점쳐보는 것이다. 그렇다면 사주팔자가 같은 사람들은 과연 어떨까? 사주팔자의 이론대로라면 태어난 년, 월, 일, 시간이 같으면 살아가는 방식이 모두 같아야만 한다. 자. 과연 그럴까?

여기 전 세계에서 같은 날, 같은 시간에 태어난 갓난아기가 100명 있다. 그들은 국적이 다르고 피부색깔이 다르고 습득하는 언어가 다르다. 부모님과 주위 환경, 교육수준 등의 세세한 부분은 더욱 개별적이며 국가적, 특수성을 가진다. 각각의 나라마다 복지 수준이 다르고 교육 수준과 주어진 환경의 조건도 모두 다르다. 그럼에도 사주팔자가 같은 그 아기들은 결국 모두 같은 운명으로 살아가게 될까? 여러분도 예상했다시피 정답은 'NO'이다. 그들은 각각 자신에게 처해진 환경에 따라 그들만의 고유한 삶을 살아가게 된다.

갑자기 내가 사주팔자 이야기를 하고 있는 이유는 무엇일까?

첫 번째, 어차피 인생은 사주팔자대로 살게 되니까 혼자 발버둥 치며 운명에 저항하느라 힘 빼지 말고 그저 받아들이고 살라는 말을 하고 싶어서?

두 번째, 위의 갓난아기 100명의 예시처럼 같은 날, 같은 시간대에 태어난 아이도 결국 국가, 국적, 성별, 환경에 따라 각각의 고유한 인생을 살아가게 되므로 당신도 더 이상 사주팔자 타령은 하지 말라고 이야기하고 싶어서?

두 번째 이유다. 내가 말하고자 하는 것은 사주팔자가 정해져 있다고 생각해서 자신의 운명을 탓하며 당신의 인생을 허비하지 말라는 것이다. 이미 모든 것이 정해진 인생의 계획표 따윈 존재하지 않는다. 삶은 항상 당신의 선택으로 만들어 나가는 것이다. 운명을 거스를 수 없다며 무기력하게 피해자의 위치에 서서 넋 놓고 살지 마라. 뻔한 말이지만 운명은 내가 만드는 것이고 내가 주체가 되어서 삶을 개척해 나가는 것이다.

만약 당신이 정해진 사주팔자대로 인생을 살아간다고 한번 생각해보자. 당신의 운명은 이미 모두 결정되어있다. 평범한 부모 밑에서 태어나 고등학교를 졸업 후 ○○대학교에 들어간다. 졸업 후 높은 경쟁률을 뚫고 ○○회사에 들어가고 ○○○을 만나서 결혼하고 아이를 2명 낳는다. 그리고 2065년 4월15일 죽는다. 자. 계획된 인생을 사는 기분이 어떤가? 꼭두각시가 된 기분이 들지 않는가? 모든 것이 계획표처럼 정해져 있어서 아무리 발버둥 쳐도 그 굴레에서 벗어날 수 없다면 그 얼마나 끔찍한 생애인가? 당신은 과연 행복하게 살 수 있을까?

다행히 우리는 이 지구에서 나의 운명을 스스로 개척해나가며 살아가고 있다. 내 인생은 나의 노력 여부에 따라서 다양한 삶의 수준으로 변화할 수 있는 기회를 가지고 있다. 즉 당신의 노력 여부에 따라 삶은 변할 수 있다. 지금 당장은 당신의 현재 삶이 마음에 들지 않아도 당신이 어떤 방향으로 노력하느냐에 따라서 당신은 모든 것을 바꿀 수 있다. 벌써부터 가슴이 뛰지 않는가? 당신만이 당신의 삶을 바꿀 수 있는 것이다.

여기 유일무이한 당신이 있다. 당신은 단 하나의 존재이다. 당신과 똑같은 존재는 이 지구상에 존재하지 않는다. 어느 누구도 당신과 똑같을 수 없다. 이렇게 소중한 단 하나의 존재가 바로 당신이다. 당신이 가장 먼저 해야 할 일은 바로 '나'라는 존재가 과연 어떤 사람인지부터 제대로 파악하는 것이다. 나 자신을 파악한다는 것은 단순히 나의 외적인 조건 키, 몸무게, 외모, 학벌 등을 이야기하는 것이 아니다. 있는 그대로의 나를 객관적으로 파악하는 것이다.

2가지 질문을 해보겠다.

1. 나는 어떤 행동, 일을 할 때 행복함을 느꼈는가?
2. 나는 어떤 성향의 사람과 함께 있을 때 가장 편안했는가?

당신은 어떤 행동을 할 때 행복했는가? 어떤 행위라도 좋다. 글쓰기,

봉사활동, 그림 그리기, 여행가기, 노래 부르기 등 돈벌이가 되지 않는 일이라도 상관없으니 솔직하게 생각해보자. 당신의 영혼이 충만해지는 그 순간이 있다. 아무런 대가가 없는데도 불구하고 나 자신이 행복감을 느끼는 그 행동, 일을 떠올려보자. 당신이 행복감으로 충만해질 때 그것은 당신에게 주어진 역할인 것이다. 모두 각자 행복함을 느끼는 행위가 있다. 어떤 이는 게임을 할 때 행복함을 느낀다고 한다. 어떤 이는 운동을 할 때 행복함을 느낀다고 한다. 이 부분은 사실 당신에게 중요하다. 그 행위를 당신의 삶에 적용시켜서 더 나은 미래를 만들 수 있기 때문이다. 그것을 일과 취미에 적용시키면 당신의 삶은 아주 윤택해질 수 있다.

그와 더불어 당신은 어떤 사람과 있을 때 가장 편하고 행복했는가? 한 번 잘 생각해보자. 단순히 지금 만나고 있는 사람이 아닌 함께 있을 때 가장 편했던 사람을 떠올려야 한다. 우리는 인간관계에서 어느 정도의 가면을 쓰고 행동하는데 굳이 가면을 쓸 필요가 없을 정도로 있는 그대로의 내 모습을 그대로 드러낼 수 있는 사람이 있다. 그런 사람이 있다면 그 사람의 성향을 한번 생각해보자. 진중한 스타일, 재미있는 스타일, 대화가 잘 통하는 스타일, 에너지가 넘치는 스타일 등등. 분명히 당신과 상호 보완되는 성격이 있을 것이다. 예컨대 나는 덜렁거리는 성격이라서 세심하고 꼼꼼한 사람과 잘 맞았다. 든든하기까지 했다. 이렇게 성향이 잘 맞는 사람과는 동성이든 이성이든 그 관계가 오래간다.

결국 나는 세상에 단 하나뿐인 존재이다. 내가 좋아하는 일이 있고 나와 잘 맞는 사람들이 있다. 세상은 나를 중심으로 움직이기 시작한다. 내가 행복해질 수 있는 방법을 스스로 알고 있기에 삶이 즐거워지기 시작한다. 진짜 나로 삶을 살아가게 된다. 나 자신이 이 세상에서 유일한 존재란 것을 알게 되었으니 더 이상 남들과의 무의미한 비교는 하지 않는 것이 좋다. 그들은 그들의 삶을 당신은 당신의 삶을 살아가는 것이다. 그들과 당신은 다르다. 당신만의 특별한 부분에 집중하자.

그녀가 날씬한 것이 부러운가? 나는 당신의 아름다운 목소리가 부럽다. 그녀의 똑똑한 머리가 부러운가? 나는 당신의 손재주가 부럽다. 그녀의 직장이 부러운가? 무슨 상관인가? 당신도 자신이 행복감을 느끼는 그 행위, 일을 이미 알고 있지 않은가?

당신은 세상에서 유일하고 이미 완벽한 존재라는 사실을 반드시 기억하자.

6

남자는 37살,
여자는 34살까지 깨져도 돼

"10, 9, 8, 7, 6, 5, 4, 3, 2, 1, 0!! 새해가 시작되었습니다!"

요란한 새해맞이 카운터 소리와 함께 형형색색의 폭죽이 하늘위로 치솟았다. 화려한 폭죽들을 초점 없는 눈빛으로 물끄러미 바라보고 있던 나는 가라앉은 목소리로 속삭였다.

"그렇다. 나는 기어코 서른이 되고 말았다….."

서른이 되던 그날, 새해 종소리를 들으며 갈 곳을 잃어버린 눈빛과 늘어난 츄리닝을 입은 채 머리를 긁고 있는 그녀는 바로 나 자신이었다.

여러분의 서른은 어떤 모습이었는가? 아직 서른을 맞이하지 않은 사람도 있을 것이고, 이미 서른을 넘긴 사람도 있을 것이다. 돌아보건대 여자의 서른은 분명 여느 날과는 다른 의미가 있는 그런 날이었다. 서른이 되는 순간 나는 2가지 감정에 휩싸였다. 그것은 바로 '조급함'과 '두려움'이었다. 나의 상상 속에서 서른 살의 내 모습은 이랬다.

1. 직장에서 능력을 인정받으며 승승장구 하고 있는 나.
2. 꾸준한 직장생활로 통장에 큰돈이 있는 것을 흐뭇하게 바라보고 있는 나.
3. 남자친구가 나를 사랑스러운 눈빛으로 바라보며 프러포즈 반지를 내밀고 있는 모습.

그랬다. 내가 꿈꾸던 나의 서른 살의 모습은 바로 위의 그림과 같았다. 새해의 종소리를 들으며 그 상상은 무참하게 깨졌지만 말이다.

서른 살이 되던 날의 내 모습은 실로 한 마리의 짐승과 같았으리라. 나는 그 당시 2년 동안 다니던 회사를 그만두고 그곳에서 받은 정신적 스트레스를 분노로 분출하고 있었다. 스트레스는 여지없이 폭식으로 이어졌고 어느 순간 살이 찌기 시작해 맞는 옷이라곤 추리닝밖에 없었다. 그런 꼴에 남자친구가 없는 건 당연한 일 아니었을까. '아~나는 30살에는 안정된 직장을 다니고 있을 거고 결혼도 이미 했을 거야'라며 친구들에게 말하고 다녔던 20대의 나에게 하이킥을 하고 싶을 지경이었다. 결국 30 살이 되던 그 새해 첫날 나는 직장도 남자친구도 없는 백수의 모습으로 절망하고 있었다.

여자들은 왜 서른 살만 되면 갑자기 불안해지는 걸까? 인생이 갑자기 급박해 지는 기분이 드는 것은 왜 그럴까? 왜 누군가에게 쫓기는 듯 한 기분이 드는 걸까? 실제로 누가 쫓아오는 것도 아닌데 이 불안감의 정체 는 어디서부터 오는 것일까? 누군가 정해놓은 것도 아니고 사회에서 법 으로 규정해놓은 것도 아닌데 왜 서른에는 안정된 직장을 가지고 있고 당연히 남자친구가 있어야 한다고 생각하는 것일까?

사실 서른은 결코 많은 나이가 아니다. 서른은 아직 어리다. 현재 서른 에 임박하거나 서른이 되어버린 당신이라면 이 말이 곧이곧대로 들리지 않을 것이다. 나 역시 그랬다. 막상 서른에 접어들게 되니 갑자기 나이 가 많아진 것 같아서 불안했다. 이러다가 노처녀로 혼자 늙어죽는 건 아 닐까 우울했다. 한국은 여전히 여성의 나이에 민감하다는 사실을 우리는 이미 알고 있다. 하지만 서른은 진실로 젊은 나이이다. 대한민국 평균 수 명은 120살까지다. 의학기술은 급진적으로 발전해 우리의 살아있는 세 포를 활용해 각막, 간, 피부, 혈관 등의 인공 장기가 만들어지고 있다. 사실 이미 만들어졌고 임상실험만 남아 있는 상황이라고 한다. 우리는 머지않아 마치 쇼핑하듯이 나의 노후 된 장기나 폐, 간, 피부 등을 선택해서 사용할 수 있게 된다. 그렇다면 우리 세대는 당연히 더욱 긴 수명을 가지고 오래 살게 될 것이다.

서른 살의 나이에 접어들면서 여성들에겐 변화가 일어난다. 그녀들은 현재 자신의 삶에 대해서 깊이 생각하기 시작한다. 지금 다니고 있는 이 직장이 과연 나에게 잘 맞는 건지, 아니면 다른 직장으로의 이직을 고려해봐야 하는지 주체적으로 자신의 삶에 대해 진지하게 생각하기 시작한다. 솔직히 20대 때에는 직장을 그만두면 큰일 날 줄 알았기에 용기가 없어서 실행하지 못하였다. 그러나 30대에 접어들면서 그녀들은 직장에 대한 경력도 생겼고 일을 처리해 내면서 축적된 인간으로서의 근무 능력도 향상되었다. 그녀들의 깊은 고뇌 후에 퇴사를 결정한다고 해도 이제 그녀들은 스스로 뒷수습할 수 있는 자신감과 책임감이 생긴 것이다.

서른 살이 되면서 자기만의 일을 하다가 방황과 위기를 맞고 전혀 새로운 돌파구를 찾아내 성공한 사례는 많다. 지금의 한국가정법률상담소의 한국 최초의 여성 변호사이자 여성 인권운동가인 이태영(1914~1998)님은 독립 운동을 하던 남편의 옥바라지를 하다가 33살에 법대에 입학했다. 1949년 여성으로는 처음으로 서울대학교 법대를 졸업하였고 그 후 수많은 인권운동과 여성 인권운동을 행하셨다. 그 가부장적인 시대에 엄청난 업적을 이뤄내신 대단한 그녀가 처음으로 법대에 가고자 마음먹은 때가 그녀의 나이 33살 때였다.

30대의 여성은 축적된 사회 경험으로 인해 시야가 밝아지고 넓은 시각으로 세상을 바라볼 수 있게 된다. 즉 이렇게 시야가 트이면 자기 인생을 온전히 자기 힘으로 설계할 수 있는 능력과 기회를 얻게 되는 것이다. 이쯤 되면 서른 살부터의 삶이 더욱 멋있을 것 같지 않은가?

나는 29살이 될 때까지 SKB에 다녔다. 사무실 안에서 근무하는 내근직이 아닌 직접 고객을 만나서 계약하는 외근업무가 중점이 된 일이었다. 처음에는 좋았다. 온종일 사무실에 멍하니 앉아 일하는 것보다 VIP 고객들을 직접 만나고 잠깐이라도 시원한 바람을 쐴 수 있는 직업이니 자유롭다고 생각했다. 그러나 당시에 차가 없었던 나는 (그 당시의 나는 차를 살 여력이 없었다) 비가 오든 눈이 오든 유니폼과 구두를 신고 오랜 시간 걸어 다니는 것이 체력적으로 힘에 부치기 시작했다.

또한 인간관계에서도 스트레스를 많이 받아서 나도 모르게 땅바닥만 바라보며 걸어 다녔던 기억이 난다. 그것을 버티지 못하는 내가 원망스러웠다. 결국 30살이 되기 전에 나는 그 직장을 그만두고 말았다.

당신이 지금 다니고 있는 직장에서 당신이 하고 있는 그 일이 너무 안 맞거나 힘들다면, 어쩌면 지금이 당신 삶의 흐름을 바꿀 수 있는 중요한 기회의 순간일 수도 있다. 인생을 살아가다 보면 예외 없이 모두에게 몇 번의 기회가 찾아온다. 그 기회를 당신이 알아채고 그것을 잡느냐 아니면 그것을 그냥 흘러 보내느냐에 따라 인생은 바뀌게 된다. 당신은 어느 날 갑자기 당신이 지금껏 하는 일과는 전혀 다른 일을 시작할 수도 있다. 또한 다른 기회를 잡아서 당신의 인생이 180도 변하기도 한다. 대부분의 여자들이 서른에 접어들면서 자신의 인생에 대해 진지하게 고뇌하는 시간이 주어지는 것처럼 말이다.

당신에게도 삶을 바꿀 수 있는 기회가 다가오고 있다. 당신은 그 기회가 당신의 눈앞에 나타났을 때 그것을 재빠르게 낚아채야 한다. 그래야만 당신이 기회를 잡은 것이다. 중요한 것은 그 기회를 잡기 위해서 미리 잘 준비하고 있어야 한다는 것이다. 그래야 그 순간이 왔을 때 놓치지 않는다. 마치 파도가 넘실대며 이 바다에서 저 바다로 옮겨가는 것처럼 당신도 적극적으로 파도 위에 올라타자. 그리고 새로운 넓은 바다로 나아가자.

사실 당신이 미혼이라고 가정했을 때 남자는 37살, 여자는 34살까지 인생을 바꿀 수 있다. 당신이 경험하고자 결심한다면 당신은 모든 삶을 경험해볼 수 있다. 당신의 인생을 최대한 많은 경험으로 가득 채워보자. 내 인생이 아직 완성되지 않았다면 몇 번이고 도전하자. 당신이 혹여 파도 위에서 떨어졌다고 해도 스스로 좌절할 필요는 없다. 당신 스스로 일어나기만 하면 된다. 그리고 끊임없이 도전하면 된다. 인생의 흐름을 바꾸는 파도에 당신의 몸을 싣고 힘차게 뛰어들자. 당신은 얼마든지 스스로 인생을 멋지게 바꿀 수 있다.

7

인생의 가장 큰
프로젝트, 결혼

"여자 팔자는 단언컨대 뒤웅박 팔자가 맞다!"

요즘 세상이 어떤 세상인데 고리타분한 시대착오적인 발언이냐고? 아직도 여성을 남성에게 기대고 의지하며 사는 존재로 비하하고 있는 거냐고? 잠시만 진정하길 바란다. 그리고 나의 대답에 귀 기울여주길 바란다. 열 받고 화딱지가 날 수도 있겠지만 나의 대답은 "여전히 여자팔자는 뒤웅박 팔자가 맞다."이다.

지금 이 책을 읽고 있는 2030세대의 미혼여성들은 누구보다 높은 교육열과 고학력으로 남녀평등은 당연한 것이라는 교육을 받으며 자라왔다.

남녀성차별이라는 구시대적인 사고방식을 이해할 마음 따위는 없다. 남녀 성 평등은 당연한 것이라는 생각이 중심을 잡고 있다. 그렇기에 여러분은 의문스럽다. 도대체 남녀성차별이 어디에서 나타나고 있는 건지 전혀 느낄 수가 없다. 딱히 남자애들이랑 차별 받은 기억이 별로 없다. 내가 인식하지 못하고 있는 것일까? TV나 방송매체에서는 여성의 성차별과 여성차별 취업 등과 관련된 이야기가 자주 나오는데 말이다. 그런 당신에게 H양에 대한 이야기를 들려주고 싶다.

"H양은 똑똑한 여성이다. 배울 만큼 배웠고 돈도 잘 버는 그녀는 잘 나가는 전문직여성이다. 그녀의 삶에서 남녀차별을 받아본 기억은 직장에서 겪는 성차별 정도였는데, 여성 직원들이 즉시 건의를 하면 회사에서는 적극적으로 사과를 하거나 수정하는 식이였기에 크게 깨닫지 못했다. 직장에서는 그녀의 능력을 인정해주었고 표면적으로나마 남녀평등을 원칙으로 했기에 특정한 사안에 맞닥뜨리지만 않으면 불평등을 체감할 수가 없었다.

그런 그녀도 한 남자와 결혼을 약속하고 행복한 미래를 꿈꾸기 시작했다. 결혼 후에도 경력을 쌓으며 직장생활을 꾸준히 해서 변함없이 실력을 펼쳐 나가리라 생각했다. 결혼은 평생 내 단짝과 인생을 함께 경영해나가는 것이라고 생각했다. 직장을 그만둘 생각 같은 건 처음부터 없었다. 결국 H양은 사랑하는 그 남자와 결혼식을 올렸다.

결혼 후 H양은 임신을 했고 어느덧 8개월 만삭임산부가 되었다. H양의 시어머니는 치매가 심해지기 시작했고 연세까지 있어 상황은 날로 심각해지고 있었다. 시댁의 유일한 아들인 그녀의 남편에게 시어머니를 모셔야 한다는 압박이 들어오기 시작했다. 만삭 임산부였던 H양은 당연히 출산을 준비해야하기에 시어머니를 모시기는 힘들 것 같다고 이야기를 했고 남편은 알 수 없는 표정으로 한참 그녀를 바라보더니 이내 침묵하였다. 시간이 흘러 H양이 아이를 출산하고 아이가 돌도 되지 않았을 때 또 남편의 입에서 다시 치매 시어머니를 모시자는 얘기가 나왔다. 신생아를 돌보는 것만으로도 정신없는 그녀에게 또 치매 시어머니를 모시자고 하다니? 당연히 거절했고 남편이 자신의 마음을 알아줄 거라 생각했던 H양의 생각과 달리 남편은 여태껏 참았다는 듯이 분노를 나타내기 시작했다. 그의 주장은 이랬다. '다른 며느리는 애를 2~3명씩 키우면서 치매 시아버지의 변도 닦아주는데 당신은 왜 그것도 못하냐!' 그 순간 H양은 깨달았다. 자신이 지옥에 발을 들여놓았다는 사실을 말이다."

2021년 바로 우리 세대의 이야기이다. 요즘에도 그런 대우를 받는 며느리가 있다고? 아직도 그런 가부장적인 시댁이 존재한다고? 비현실처럼 보이겠지만 대한민국 가정의 대다수는 여전히 가부장적인 형태를 유지하고 있다. 높은 교육수준을 가진 여성들의 진보된 의식변화를 따라가지 못한 채 가정이란 집단은 가장 보수적인 형태로 유지되고 있다. 아무리 남편보다 직장이 좋고 돈을 잘 버는 여성이라도 시댁에만 가면 나도 모르게 앞치마를 매고 시어머니를 도와드려야만 할 것 같은 그 의무감을 당신은 결혼 후 느낄 수 있을 것이다. 전형적인 '우리 엄마는 안 그래'라는 남자의 말을 듣고 돌이킬 수 없는 길로 걸어간 수많은 여성의 사례를 나는 지켜보았다. 그렇다. 이러한 현실이 바로 평범한 대한민국 결혼생활의 민낯인 것이다.

오해는 하지 마시라. 나는 지금 비혼을 권장하는 것은 아니다. 비혼을 하든 결혼을 하든 본인이 하고 싶은 대로 하면 된다. 결혼생각이 없으면 자연스럽게 비혼이 된다. 그러나 이 책을 집어든 여러분들은 결국 행복한 결혼을 하고 싶어서 이 책을 읽고 있는 것이다.

심지어 결혼을 잘하고 싶다. 똑똑한 여자로 행복하게 잘 살고 싶다. 결혼이 인생의 전부는 아니지만 그렇다고 준비되지 않은 결혼을 하게 된다면 당신은 전혀 예상치 못한 삶을 경험할 수도 있다.

여자는 결혼으로 남은 인생 전부가 바뀌어버리는 경우도 있기 때문이다. 발그레한 양 볼로 '미처 준비하지 못한 급발진 사고처럼 빠른 속도로 결혼이 진행되어버렸네.'라며 수줍게 웃는 친구의 얼굴 따위는 잊어버려라. 분명히 말하지만 결혼은 장난이 아니다. 운명의 장난을 추구하다가 남은 당신의 인생이 모두 장난이 되어버릴 수도 있다.

결혼에도 공부가 필요하다. 왜 대한민국 공교육에서는 '결혼'에 대한 정규 교육 수업이 없는 것일까? 인생에 있어서 인륜지대사(人倫之大事)인 결혼을 앞두고 당연히 공부하고 미리 준비하는 과정이 필요하지 않을까? 내가 결혼에 대해서 미리 배울 수 있는 방법은 나의 부모님인 엄마아빠의 결혼생활을 보고 배우며 받아들이는 방법뿐이다. 부모님의 부부관계가 좋다면 자녀 또한 자연스레 결혼에 대한 긍정적인 마음과 부부 간의 배려 등을 배울 수 있지만, 사이가 좋지 않은 부모님 밑에서 자라는 아이들은 부모와 똑같은 불행한 결혼생활을 답습할 수밖에 없는 것이다.

당신이 결혼을 미리 준비하고 싶다면 다음 3가지를 생각해봐야 한다.

1. 나는 왜 결혼을 하려고 하는가?
2. 나는 자녀를 낳고 나의 많은 것을 희생하며 키울 준비가 되어 있는가?
3. 나는 어떤 배우자를 만나고 싶고, 나 스스로는 어떤 배우자가 되고 싶은가?

나는 왜 결혼을 하려고 하는가? 결혼할 나이가 되어서? 외로워서? 누군가와 함께하고 싶어서? 생각보다 많은 사람들이 외롭다는 이유로 곁에 있는 사람과 결혼을 결심하기도 한다. 사실 결혼을 해도 당신은 외롭다. 오히려 배우자가 있는데도 혼자 있는 것보다 더 외로운 감정을 느낄 수도 있다. 인간은 처음부터 외로운 존재라는 걸 당신도 알고 있지 않은가! 당신의 외로움을 달래려고 배우자가 존재하는 것은 아니다.

외롭다는 이유만으로 결혼을 결심하게 된다면 당신은 결혼생활 내내 불행할 수밖에 없다. 인간은 결국 혼자라는 사실을 받아들이고 타인에게 기대고자 하는 마음을 버려야 한다. 그렇게 해야 비로소 당신은 혼자서도 행복해질 수 있는 준비가 된 것이다.

과연 당신은 자녀를 낳고 키울 준비가 되어 있는가? 최소한 4년 이상은 나의 모든 자유를 포기하고 아이를 위해 나 자신을 희생할 준비가 되어 있어야 한다. 결혼을 하면 필연적으로 나와 자식 간에 인연의 끈이 생긴다. 자식에게 부모는 세상의 전부다. 자신이 어릴 적 부모님께 받은 무한한 그 사랑을 자녀들에게 똑같이 베풀 수 있어야 한다. 희생하고자 하는 각오가 되어 있어야만 최소한 당신은 부모가 될 자격이 생기는 것이다. 아이가 태어나는 순간 당신은 그 아이의 삶을 온전히 책임지게 되는 것이다.

사실 사람들은 이혼을 앞두고 상담을 받지만 결혼을 앞두고는 상담을 받지 않는다. 참 아이러니한 상황이다. 왜냐하면 결혼은 가장 신중하게 이뤄져야 할 인생의 대업이기 때문이다. 왜 사람들은 결혼을 가볍게 생각하는 걸까? 남은 인생 최소 60년을 같이 살아갈 사람인데 말이다. 당신이 결혼을 하고자 결심한다면 최소한 당신이 원하는 배우자의 성격과 직업, 성향 등의 기본적인 부분에 대해 미리 생각해놔야 한다. 앞장에서 말했다시피 당신과 잘 맞는 성향의 사람들이 존재하기 때문이다. 준비되어 있는 사람에게 기회는 다가온다. 당신이 아무런 준비도 없이 '좋은 남자 만나서 결혼해야지.'라고 넋 놓고 있다면 머지않아 당신은 후회할 만한 선택을 하게 될지도 모른다.

2장

인생은 잘난 여자보다 똑똑한 여자가 잘 산다

1

나를 찾기에
늦은 나이란 없다

지금부터는 나의 이야기를 해보겠다. 평범하기 그지없는 내 인생, 내 삶이지만 그래도 누군가에게 내 삶의 민낯을 털어놓는 건 쉽지 않은 일이다. 날씨가 좋았던 어느 가을날 아침, 내가 존경하는 위닝북스의 대표 권마담(권동희)님이 한 가지 미션을 〈한국석세스라이프스쿨〉 카페에 올리면서 모든 것이 시작되었다. 그날부터 나도 나 자신을 세상 밖으로 드러내기로 결심했다. 그 미션의 제목은 바로 [나를 드러내기 21일차 과정]이었다.

지극히 평범한, 그러나 가난한 집에서 나는 자라났다. 특별히 공부를 잘하지도 못하고 뛰어난 특기가 있었던 것도 아닌 그저 보통의 학생이었다. 가난한 집안 형편 때문에 대학생 때부터 아르바이트를 시작했다. 주간에는 아르바이트, 야간에는 수업을 들으며 그 짧은 이동 시간 동안 삼각 김밥으로 허겁지겁 허기를 때우곤 했다. 가난했지만 우리 3남매의 우애는 좋았다. 아픈 엄마를 중심으로 우리 가족들은 힘들 때마다 서로 의지하고 기대곤 했다.

32살에 한 남자를 만났다. 모임의 리더였던 그는 큰 키에 매서운 눈매를 가지고 있었다. 무뚝뚝해 보이는 첫인상과 차가운 말투의 그를 사람들은 대하기 어려워했다. 나 역시 마찬가지였다. 그러나 어느 순간 자신의 분야에서 카리스마 있는 리더의 모습을 보여주면서 그는 모임에서 가장 인기가 많은 사람이 되었다. 이제 와서 생각해보니 그는 카리스마 있는 남자의 전형적인 모습이었다. '남자다운 남자' 그게 그 사람 자체였다. 그리고 그 사람이 바로 나의 '전 남편'이다.

짧은 연애 후 결혼생활을 시작하였다. 배 속에는 이미 아이가 자라고 있었고 이따금씩 뭔가 그에게서 이상한 점을 느끼곤 했지만 임신을 해서 예민해져서 그렇다는 그의 말을 듣고는 그냥 넘겨버렸다. 돌이켜 보건대, 만약에 여러분들이 누군가와 결혼을 앞두고 있는데 어느 순간 뭔가 찜찜한 기분이 들기 시작한다면, 그러나 그것의 정체가 무엇인지 정확히는 모르겠다면 여러분은 지금 인생에서 가장 중요한 선택을 해야 하는 순간에 서 있는 것이다. 여러분은 2가지 선택을 할 수 있다. 모른 척 그냥 넘어가거나 아니면 끝까지 그것을 파헤쳐보거나! 만약에 그것을 끝까지 파헤쳤는데 별것 아닌 문제라면 당신은 안심하고 결혼해서 행복하게 잘 살면 된다. 그러나 만약에 그것을 귀찮아서 혹은 회피하고 싶어서 그냥 넘겨버린다면 아마도 그것은 당신의 결혼 생활 내내 당신을 불행하게 만드는 원인이 될 것이다.

그랬다. 나 또한 그런 시절이 있었지만 '괜찮겠지 뭐. 내가 더 잘하면 될 거야.'라는 안일한 생각으로 그 문제를 더 이상 깊이 생각해보지 않고 회피해버렸다. 나는 그때 우리의 문제점에 대해서 좀 더 신중하게 생각해야만 했다. 나는 그때 문제의 원인에 대해서 객관적으로 상황을 바라봐야만 했다. 어리석게도 그가 말하는 대로 나 자신이 바뀌고 그가 시키는 대로 행동하면 우리 부부가 잘 살 수 있을 거라는 그의 말을 믿었다. 나만 바뀌면 우리 부부는 행복하게 잘 살 수 있게 될 거라는 그 사람의 말을 믿었다. 그래서 노력했다. 4년 동안 나는 끊임없이 노력했고 그는 아무것도 변하지 않았다. 내가 그에게 맞춰서 노력하는 모습을 보여주면 그가 나에게 고마워하고 날 더 사랑해줄 거라고 믿었다.

그 사람도 노력하는 모습을 보여줄 거라고 생각했다. 결국 그와 나의 갈등은 해소되지 않았고 우리는 결혼 4년 만에 협의이혼을 하게 되었다.

그날로부터 1년이란 시간이 지났다. 나는 1년 중 3개월은 집에만 있었고 3개월은 책만 주구장창 읽었다. 집 밖으로 나가고 싶지도 않았고 누군가를 만나고 싶지도 않았다. 한동안은 자책감과 우울감에 빠져 살았다. 그렇게 힘든 나날들이 이어졌다. 그러나 결국 인생이란 예기치 않은 삶의 길로 나를 이끌어 주기도 한다. 어느 날 나에게 그런 일이 생겼다. 눈부신 햇살에 눈을 뜨고 아이 사진을 바라보다가 문득 머리를 스쳐지나가는 생각이 있었다. '그래. 내 이름으로 된 책 한 권만 내자.' 이대로 내가 이 세상에서 사라지면 나는 괜찮지만, 내 아이는 평생 엄마의 흔적을 찾아 헤맬 수도 있을 거란 생각이 들었다. 적어도 아이에게 내 이름으로 된 책 한 권을 남겨주면 아이는 엄마가 그리울 때마다 엄마 책을 읽으며 위로받을 수 있겠다는 생각이 들었다. 그래서 결심했다. 작가가 되기로. 내 이름으로 된 책을 내기로.

목표가 생기니 힘이 났다. 그렇게 〈한책협〉이라는 카페를 알게 되었고 나는 김도사님과 인연을 맺게 되었다. 김도사님은 '김태광'이라는 이름으로도 활동하셨고 24년 동안 250권의 책을 출간하셨고 이후 글쓰기 수업을 오픈하여 작가가 되고 싶어 하는 많은 사람들에게 글 쓰는 방법을 가르쳐주고 계신다. 현재까지 900명의 작가를 배출하였고 단연 글쓰기의 최고 1등 프로 강사이다. 나는 글쓰기 과정을 수료하면서 김도사님께 긍정적인 의식을 배웠고 의식공부를 하면서 내면의 상처를 치유하기 시작했다. 김도사님은 힘든 상황에 처해 있는 사람들을 진심으로 걱정하고 위로해주셨다. 나는 김도사님을 바라보면서 그처럼 선한 영향력을 행사하는 사람이 되고 싶다는 희망이 생기기 시작했다. 인생에서 한 번은 귀인을 만난다는데, 나는 가장 힘들 때 내 삶의 귀인인 김도사님을 만났다.

여러분의 현재 마음은 어떤가? 지금 당신의 마음은 괜찮은가? 자신의 마음을 잠시 들여다보자. 만약에 여러분이 현재 괴롭고 힘든 일이 있다면 당신이 서 있는 그 자리에서 잠시 멈춰서자. 그리고 눈을 감고 자신의 상황을 한번 멀리서 바라보자. 나 자신을 객관적인 제 삼자의 눈으로 바라보는 것이다. 당신이 제 삼자의 눈이 되어서 나의 이 현실을 바라보면 나의 현실이 점차 객관적으로 보이기 시작한다. 지금 당신을 괴롭히는 일, 사람, 생각 등이 눈에 보이기 시작한다. 제 삼자의 입장에서 당신이 이 상황을 어떻게 대처해 나갈지를 조용히 생각해본다. 내가 타인이 되어서 나를 바라보면 내 감정의 소용돌이에 휘말리지 않게 된다. 나 자신이 객관화되어 보이면서 평온한 마음을 유지할 수 있다. 그 일을 풀어나갈 수 있는 해결책이 떠오르기 시작한다.

2년 후면 나는 40살이 된다. 어느새 내 인생의 3분의 1이 지나갔다. 그러나 아직 나에겐 살아온 날보다 살아갈 날이 더 많이 남았다. 나를 찾기에 늦은 나이는 없다. 내가 40살이 되기 전에 나 자신의 삶을 다시 되찾을 수 있게 되어서 너무나 감사하다. 또 40살이 되기 전에 나의 인생 2막을 다시 시작할 수 있게 되어서 너무나 감사하다. 하나둘씩 생각해보니 결국 지금 내가 살고 있는 이 세상에 온통 감사할 일이 가득했다. 힘들고 괴로웠던 순간들을 헤쳐 나오면서 내 인생은 감사할 일로 가득 차게 되었다. 결국 인생의 행복과 불행은 모두 내가 선택하는 것이란 걸 깨닫게 되었다.

만약에 그때의 내가 그 인연을 끝내지 않고 계속 살아갔더라면 나는 어떻게 되었을까? 어쩌면 내가 더 참았더라면? 내가 더 잘했더라면? 혹시라도 남편이 변해준다면? 변한다고 약속해줬다면? 그리고 나를 조금이라도 이해해줬다면? 나를 억누르지 않고 배려해줬다면? 아이를 데리고 도망쳤더라면? 내가 혼자 아이를 키웠다면? 수만 가지 생각이 머릿속을 맴돈다. 나의 선택마다 어떤 미래가 펼쳐질지 알 수 없다. 그러다가 나는 그저 조용히 미소 지었다. 그래, 어차피 변하는 건 없었을 것이다. 인간은 변하지 않는다고 부처님조차 말씀하지 않으셨던가! 어떤 선택은 포기해야 하는 순간에 포기할 줄 아는 용기가 필요하다. 그때 만약 내가 그 삶을 포기하지 않았다면 지금 나 자신은 존재하지 않았을 것이다.

기억하자. 나를 찾는 데 늦은 나이란 없다.

2

지금 아는 것을
그때도 알았더라면

"She may be the face I can't forget~ ♫"

"결혼식 신부 입장 곡으로 유명한 영화 〈노팅힐〉의 OST 〈She〉가 넓은 결혼식장에 가득 울려 퍼진다. 눈부시게 하얀 드레스를 입은 신부가 활짝 웃으며 입장한다. 곧 평생 그녀만의 단 한 사람이 될 남자의 손을 놓칠세라 꼭 잡는다. 그리고 주례사님의 혼인서약서를 들으며 그녀는 이 남자와 평생 행복한 결혼생활을 할 거라 상상한다."

딱 4년 뒤, 가정법원에서 협의이혼 판결을 받기 전까지 나 또한 그녀와 같은 영원한 사랑을 꿈꿨다.

생각보다 20대 여성들은 순진하다. 그녀들은 영원한 사랑을 믿는다. 물론, 영원한 사랑 따윈 존재하지 않는다고 말하고자 하는 것은 아니다. 우리 모두 알다시피 진실한 사랑의 이야기가 주변에서 심심찮게 들려오지 않는가? 중요한 건 그 이야기의 주인공이 내가 되어야 한다는 사실이다. 나 또한 그랬다. 나 역시 아름다운 동화의 엔딩처럼 '그래서 그들은 영원히 행복하게 오래오래 잘 살았습니다.'로 끝나길 바랐다. 그러나 결국 나의 결혼생활은 해피엔딩으로 끝나지 않았다.

내가 만약에 나 자신에 대해서 잘 알고 있는 똑똑한 여자였으면 어땠을까 라는 생각을 가끔씩 해본다. 내가 자신을 잘 알고 내 성향에 맞는 사람을 잘 파악하고 있어서 스스로 올바른 선택을 할 줄 아는 똑똑한 여자였다면 과연 내 인생은 어떻게 달라졌을까? 나는 잘 살아갈 수 있었을까? 현실적으로 여자가 잘난 것과 인생을 잘 살아가는 것에는 큰 연관성이 없다. 여자가 꼭 잘났다고 해서 인생을 잘 살아가는 것은 아니라는 말이다. 그렇다면 과연 나는 과거로 되돌아간다면 어떤 여자로 살아가는 것을 선택할까? 잘난 여자? 아니면 똑똑한 여자?

나는 현명하지 못했다. 나는 이른바 말 잘 듣는 착한 여자였다. 사회에서 요구하는 여학생, 대학생, 직장인, 여성으로서 싹싹한 동료, 직원 등 세상의 잣대에 나 자신을 맞추려고 노력했었다. 누구를 만나도 그저 예뻠받고 싶었다. 사랑 또한 마찬가지였다. 나를 좋다고 하는 남자와만 데이트를 했다. 운 좋게 성향이 맞는 남자를 만나면 연애가 순탄했지만, 나의 성향과 반대이거나 맞지 않는 남자와의 관계는 나를 힘들게 했다. 나는 애초에 나 자신이 어떤 성격인지 어떤 사람과 있을 때 즐겁고 있는 그대로의 나로 행동할 수 있는지 몰랐다. 때문에 상대에게 맞추려고만 애썼고 그래서 행복하지 않았다.

불행하게도 대한민국에는 여자의 삶에 대해 적극적으로 교육해주거나 가르침을 주는 곳이 많지 않다. 왜 나는 여성의 삶, 일, 성공, 사랑, 결혼, 출산, 육아 등에 대한 정보를 그 누구에게서도 상세히 듣지 못했을까? 유년시절, 학창 시절, 대학교 시절, 그 많던 선생님과 선배들과 언니들은 왜 아무도 나에게 이런 조언을 해주지 않았을까? 미디어에서는 여성을 틀에 박힌 모습으로만 보여주고 있다. 결혼, 출산, 육아에 대한 현실적인 정보와 지식은 명확히 제공되지 않는다. 예쁜 웨딩드레스를 입고 환하게 웃는 모습은 보여주면서, 출산 직후 얼굴 핏줄이 터지거나 헝클어진 머리 따위 제외시킨다. 땀에 젖은 얼굴로 그러나 사랑스러운 눈빛으로 아이를 껴안고 있는 모성애 넘치는 여성의 모습만 보여준다. 갓난아기의 천진난만한 얼굴을 클로즈업시키고 까르르 웃는 모습을 보여주기도 한다. 하지만 아기 엄마의 헝클어진 머리와 지친 얼굴이나 땀방울은 실시간으로 보여주지 않는다. 내가 만약에 진실된 이런 정보들을 좀 더 일찍

접했더라면, 적어도 할 수 있는 최대한의 마음의 각오를 하고 일, 직장, 사랑, 결혼, 출산, 육아 등에서 더 적극적인 삶을 살 수 있었을 것이다.

여성들은 정신적·심리적으로 진실한 행복을 추구한다. 그러면서도 아이러니하게 자신이 진정 원하는 것은 무엇이고, 나 자신이 어떤 모습일 때 행복한지에 대해선 무지한 편이다. 왜 자기 자신의 행복보다 다른 사람의 행복을 더 신경 쓰거나 배려하고 그들에게 맞춰주려고 하는지 안타깝다. 타인을 배려하고 공감하는 능력이 뛰어난 여성들이라서 행복에서도 자신이 2순위가 되는 거라고 위로해보지만 가슴 아픈 일이다.

세상의 모든 여성은 행복해야 할 의무가 있고, 그들은 그 누구보다 행복하게 살아가야 할 권리가 있다. 여자가 행복해야 세상이 행복해진다고 모두가 말하지 않았던가! 아이를 키우는 여성이 행복해야 아이도 행복하고 그로 인해 온 가족이 행복하고 국가가 행복해진다. 당연하다는 듯이 아이를 키우면서 자신의 행복을 포기하는 여자들이 여전히 많이 있다. 나 또한 그랬다. 출산과 육아를 하면서 나 자신의 행복은 잠시 포기해야 한다고 생각했다. 사실 나의 행복이고 뭐고 갓난아이는 무조건적인 보살핌이 필요하기 때문에 나의 24시간은 아이에게 매달려 있을 수밖에 없었다. 모든 엄마는 공감할 것이다. 엄마가 옆에서 온종일 아이를 보살펴주지 않으면 아이는 심지어 목숨까지 잃을 수 있다. 결국 나라는 인격체는 잠시 옆에 내버려두고 아이부터 온전히 케어하는 것이다. 배울 만큼 배우고 능력도 있었던 현대 여성들이 나 자신을 완벽히 버리고 아이에게 모든 것을 올인하는 삶은 정말로 쉽지 않았다.

자신의 모든 것을 희생하면서 아이를 키워내고 가정을 이끌어 나가는 게 우리 엄마들이다. 이쯤 되면 나라에서 '엄마'라는 직업의 전문가들에게 상이라도 줘야 되는 것 아닌가? 여성들은 결혼 전과 결혼 후 인생이 180도 변하는 경우가 많기 때문이다. 실제로 남성들은 결혼 전과 후의 인생에 아주 큰 변화는 일어나지 않는다. 그들은 결혼 전과 똑같이 직장을 다니고 돈을 벌어온다. 이제 가족이 생겼으니 책임감이 더 커진 것과 가족에 대한 봉사심이 생겨난 것 정도가 더 있겠다. 그나마 교육받은 남성들이 육아란 엄마만의 몫이 아닌 부부 공동체의 책임이라는 것을 깨닫고 집안일과 청소, 빨래, 요리를 같이 하기도 한다. 요즘은 부쩍 남성의 집안일 참여도가 높아졌다고 하니 당신의 남자를 한번 믿어보는 것도 괜찮을 것이다.

내가 결혼 전에 이러한 사실을 미리 알았더라면 내 삶은 달라졌을까? 결혼에 대한 현실과 출산 후 경력단절의 사회적 문제, 그리고 똑같이 어지럽히고도 집안일의 많은 부분을 결국 내가 떠맡게 되는 이 모든 불합리한 상황들. 이미 이 모든 것을 알고 있는 상태로 과거로 돌아가면 나는 어떤 선택을 하게 될까? 결국 세상의 모든 여자는 무조건 지금보다 행복해져야 한다. 삶, 사랑, 인생, 결혼, 출산, 육아 등등. 여자로서 행복함을 느끼며 삶의 각 분야에서 빛나게 살아가야 한다. 자기 자신을 너무 희생할 필요는 없다. 그렇게 긴 세월 자신의 모든 것을 희생하며 자식만을 위해 살아온 우리의 엄마들의 모습을 한번 떠올려보자. 그들의 희생에 항상 감사하고 존경심을 표하지만 나이가 들어 아픈 몸으로 힘겹게 움직이는 모습을 보고 있자면 가슴이 아프다.

세상의 모든 여성이여. 우선 나부터 행복해지자. 지금 아는 것을 그때의 내가 미리 알았더라면 어쩌면 더 현명하게 살 수 있었을지도 모른다. 그러나 과거로 돌아가더라도 여전히 내가 어떤 선택을 하고 그 선택이 어떤 결과를 초래할지는 알 수 없는 일이다.

나는 이제부터라도 내 자신의 행복을 찾아가기로 결심했다. 마음에 쏙 드는 예쁜 디저트 카페를 알게 되었다면 망설이지 않고 찾아간다. 달콤한 케이크를 한입 깨물고는 그 순간의 행복한 마음을 충분히 느낀다. 여자들에겐 일상의 소소한 행복들이 모여서 삶을 살아갈 수 있는 힘이 되어주기 때문이다. 여자들이여 웃자. 행복하자. 여자가 웃고 행복해야 남편도 자식도 가정도 모두 행복해진다.

3

유능한 여자들은
모두 어디로 사라진 걸까?

"30대 8급 공무원 여성이 오늘 비상구계단에서 숨진 채 발견되었습니다. 그녀는 3명의 자녀를 두고 있고 주말인 오늘 업무를 마무리하기 위해서 회사에 출근했다가 심정지로 사망하였습니다. 경찰은 자세한 경위를 조사하고 있으며…."

한 여성이 죽었다. 그녀는 결혼 후 3명의 아이를 출산하였고 아이들을 키우면서 복직 후 업무 특성상 바쁜 일정을 보내야만 했다. 주 6일을 꼬박꼬박 출근하고 일주일에 4일 이상 야근도 해야만 했다.

퇴근 후 집에 돌아와서는 아이의 엄마 역할을 충실히 했다. 성실한 그녀였지만 육아와 더불어 일을 하는 것은 쉽지 않았다. 점점 아이들을 돌보는 것이 힘에 부치기 시작했다. 눈에 밟히는 아이를 두고 회사에 가는 것이 쉽지 않았다. 특히 막내는 엄마가 출근한다고 집밖을 나설 때마다 열심히 울어댔다. 그녀는 명실 공히 엄마였고 아이들을 케어하느라 집에서도 거의 쉬지 못했다. 결국 아이들과 함께 주말을 보내기 위해서 일요일 오전 5시에 출근했던 그날 그녀는 비상계단에서 쓰러져서 숨진 채로 발견되었다. 사인은 과로사였다.

아이를 직접 낳아보고 키워본 여성들은 이 엄마의 죽음이 낯설지 않다. 그녀가 느꼈을 고통, 죄책감, 피로 등은 출산과 육아를 병행해본 프로 n년차 대한민국 엄마들에게 이미 뼈저리게 통감하는 고통의 연속이었을 것이다. 더군다나 그녀는 출산, 육아, 일까지 3가지를 모두 병행하였으니 얼마나 힘이 들었을지 생각만으로도 몸서리쳐진다.

그녀의 죽음 이후 뉴스와 정부에서는 여성의 육아를 배려한 근무체계에 대한 말이 언급되다가 이내 잠잠해졌다. 국회의원들은 아기를 키우는 엄마들에겐 10시부터 4시까지 단축근무를 하자는 뻔한 식의 의견을 내놓았다가 여전히 현실과 동 떨어지는 소리를 한다고 몰매를 맞고는 조용히 뒤로 물러났다. 기업들은 그저 여성들이 이런 상황에서도 잘 버티길 바란다는 말만 앵무새처럼 반복하고 있다.

현실성이 없다고 생각할 수 있겠지만 애석하게도 2021년 현 시점에서 여전히 똑같은 일들이 반복되고 있다. 여성들의 출산 후 복지정책은 대기업이나 공무원, 공직사회에서는 어느 정도 자리를 잡아서 적용되고 있지만 여전히 수많은 중소기업에서는 먼 나라 이웃나라 이야기일 뿐이다. 출산 후 여성의 경력단절은 지독한 현실이다.

혹시 당신도 '결혼 후 아이를 출산하고 나서 애가 어느 정도 크면 당연히 내 경력 살려서 일해야지. 나도 예전엔 잘나갔으니까.'라고 생각하고 있지는 않은가? 지금 우리 집 앞 빵집에서 시간제근무 아르바이트를 하고 있는 그 언니를 알고 있는가? 그 언니가 당신보다 열심히 안 살아서 시간제근무를 하고 있는 것이 아니다. 우리 착각하지 말자! 지금 빵집에서 6시간 시간제근무를 하고 있는 그 언니, 출산 전에는 잘나가는 대기업의 인사팀 관리자였을 수도 있다. 그런데 왜?? 이제 의문점이 생긴다면 아래의 시를 한번 읽어보자.

그 많던 여학생들은 다 어디로 갔는가
학창 시절 공부도 잘하고 / 특별활동에도 뛰어나던 그녀
여학교를 졸업하고 대학입시에도 무난히 / 합격했는데 어디로 갔는가
(중략)
개밥의 도토리처럼 이리저리 밀쳐져서 / 아직도 생것으로 굴러다닐까

크고 넓은 세상에 끼지 못하고 / 부엌과 안방에 갇혀 있을까
그 많던 여학생들은 어디로 갔는가

문정희 시인의 〈그 많던 여학생들은 어디로 갔는가〉이다. 이 시가 몇
년도에 지어졌는지 한번 맞춰보자. 이 시는 1997년도에 지어졌다. 1997
년도에 지어진 이 시가 20년이 지난 지금도 나와 내 친구들에게 여전히
위화감 없이 다가온다.

나의 친구 중 한명은 이 시를 읽고 나서 한참 동안 멍하니 있었다고 말
했다. '개밥의 도토리'가 자신과 똑같다는 생각이 들었다고 했다. 인문계
고등학교에서 상위 10%에 포함되는 공부 잘하는 학생이었고 인서울대를
우수한 성적으로 졸업한 그녀가 그런 말을 하였다. 대기업을 다니던 중
아이 2명을 혼자 케어하기 힘들어서 자발적으로 회사를 퇴사한 그녀였
다. 나름 두 아이를 똑똑하게 키우고 있는 그녀가 자신을 '개밥의 도토리'
처럼 생각하고 있다는 사실에 나는 놀라워했고, 그럼에도 여전히 변하지
않는 현실에 여성이 적응하고 마는(=포기하고 마는)것을 보며 아직도 별
반 달라진 게 없는 현실에 서글퍼졌다.

나 또한 결혼 후에도 계속 나의 일을 하며 커리어를 쌓고 당당하게 살
아갈 수 있을 거라고 생각했다. 어느 순간 남편과 자식의 조력자가 되기

위해 내가 일을 포기해야 될 줄은 몰랐다. 결혼 후 여자의 인생이 그렇게 송두리째 바뀐다는 것을 나는 알지 못했다. 나 자신이 결혼생활과 육아를 직접 해본 결과, 여전히 여성에게는 집안일의 대부분과 가정생활의 대소사를 처리하는 책임이 있었다. 육아도 마찬가지였다. 아내가 남편에게 아침밥을 차려주지 않으면 불성실한 아내(?)로 평가받지만 남편은 그렇지 않다. 생활비를 꾸준히 벌어오기만 한다면, 남편이 아내에게 아침밥을 차려주지 않는다고 해서 불성실한 남편으로 평가받지는 않는 것이 현실이다.

그 많던 똑똑하고 유능한 언니들과 동기들의 모습을 한번 떠올려보자. 그녀들은 모두 어디에 있을까? 분명 그녀들은 졸업 당시만 해도 수많은 가능성의 길 위에 서 있었다. 대기업이든 공공기관이든 중소기업이든지 그녀가 원하는 곳을 선택해서 들어갈 수 있었다. 그러나 결혼과 출산, 육아를 거치면서 육아휴직 후 다시 되돌아갈 수 있는 직장은 사실상 몇 군데 되지 않는다. 그녀들이 안전하게 되돌아갈 수 있는 직업군은 공무원, 공공기관 등 나라에서 운영하는 직장이 대부분이다. 대기업이나 중소기업은 '자발적 퇴사'를 은근히 강요하기 때문이다. 사실 정말로 그렇다.

결혼과 출산에 대해서 여성들은 좀 더 객관적으로 바라볼 필요가 있다. 마냥 환상 속의 동화 나라는 존재하지 않는다. 현실을 냉정하게 바라보고 그것을 이겨낼 수 있는 마음의 각오가 필요하다. 만약 당신이 결혼 후 임신을 해서 아이를 키우고 있는데 정말 급할 때 도움을 받을 수 있는 사람이 주변에 아무도 없다면? 출산으로 경력 단절 후 취업이 안 된다면? 당신은 자신의 삶을 헤쳐 나갈 수 있는 방법을 생각해봐야 한다.

사실 여성들에게 능력만큼 중요한 것은 없다. 당신이 어느 날 갑자기 이 세상에 혼자 남게 되더라도 당장 먹고살 수 있는 능력이 있어야 한다. 결국 당신의 능력은 당신의 힘이 된다.

결혼에도 공부가 필요하다. 결혼을 아무 생각 없이 운명처럼 막연히 맞닥뜨리려고 하지 말자. 머릿속으로 자신이 어떤 가정을 꾸려나갈 것인지 몇 번이고 상상해봐야 한다. 최고의 상황과 최악의 상황을 미리 예측해보아야 한다. 물론 결혼이 당신의 상상대로 흘러가지는 않겠지만 최소한 윤곽 정도는 어느 정도 잡을 수 있게 된다.

당신은 행복하게 살고 싶다. 그리고 당신의 능력을 펼칠 수 있는 직장 생활도 오래 하고 싶다. 당신은 현재 직장을 다니고 있다면 지금부터 직장에서 '유능한 여자'로 자리 잡기 위해 노력해야 할 것이다. 그리고 당신이 어느 정도 자리를 잡고 나면, 여성의 출산 및 복지정책에 관해 적극적으로 제안하여 그것을 회사에 정착시켜보자. 개밥의 도토리처럼 여전히 집안에서 굴러다니고 있는 당신의 멋진 후배여성들을 위해서 말이다. 당신이 그녀들을 위해 미리 편리한 길을 닦아놓는다면 과연 어떻게 될까? 당신의 후배들은 아무도 낙오되지 않은 채 사랑스러운 아이를 키우면서도 회사생활을 병행하는 것이 가능해진다. 어떤가? 멋진 여자로 살 수 있는 기회를 펼쳐주고 싶지 않은가?

4

내면을 바꾸면
현실세계가 바뀐다

컵에 물이 담겨져 있다. 물은 딱 반만큼 차 있다. 이것을 보며 당신은
무슨 생각을 하는가?

1. 컵에 물이 반밖에 없다
2. 컵에 물이 반이나 있다

이 질문은 현재 당신의 무의식 속에 어떤 생각이 더 큰 부분을 차지하
고 있는지를 알 수 있게 한다.

즉 당신의 무의식 속의 결핍과 풍요에 대해서 파악할 수 있다.

1. 컵에 물이 반밖에 없다 = 무의식 속에 잠재되어 있는 결핍

당신은 물이 반밖에 없다고 아쉬워한다. 무의식 속에서 결핍에 집중한다. 모든 상황에서 이것은 동일하게 적용된다. 지갑에 돈이 이것밖에 없다. 옷이 이것밖에 없다 등 자신이 가지고 있지 않는 것에 결핍감을 느낀다. 더 많이 갖고 싶다. 결핍에 집착한다.

2. 컵에 물이 반이나 있다 = 무의식 속에 잠재되어 있는 풍요

당신은 물이 반이나 있다고 기뻐한다. 당신의 무의식은 풍요에 집중하고 있다. 자신에게 주어진 것에 만족한다. 적은 돈으로도 행복을 느끼며 즐겁게 살아간다.

지금 당신이 서 있는 그 자리에서 자신을 한번 객관적인 눈으로 바라보자. 당신의 현재 삶은 어떤가? 당신이 꿈꾸던 삶인가? 당신이 원하던 그 삶이 맞는가? 당신이 원하든 원하지 않았든 지금 당신 눈앞에 펼쳐진 이 세상은 바로 당신이 창조해낸 것이다. 당신이 지금껏 살아오면서 갖고 온 모든 생각과 행동들이 당신의 무의식과 합쳐져서 지금의 현실을 만들어 낸 것이다.

"나는 가난한 삶이 싫은데 이 가난을 내가 만들어 냈다고요?"
"나는 이렇게 노처녀로 늙고 싶지 않았어요."

"나는 대기업에 취업해서 부모님께 효도하고 싶었는데 이뤄지지 않았어요."

당신에게 펼쳐진 지금 이 현실이 당신이 원하던 모습이 아니라고 말하고 싶은가? 당신이 원하던 삶은 더 풍요롭고 행복한 삶이었다고 말하고 싶은가? 이런 가난한 삶은 결코 당신이 원하지 않았던 삶이라고 항변하고 싶은가? 지금의 가난한 삶을 당신이 스스로 창조했다고 이야기하는 것이 이해가 가지 않는다. 억울하다. 나는 진정 가난한 삶을 원하지 않았기 때문이다. 그렇다면 당신은 왜 지금의 현실을 창조해낸 것일까? 당신이 원하고 소망했던 것은 왜 이루어지지 않은 것일까?

우리의 삶은 의식과 무의식의 세계로 나뉘어 있다. 의식은 우리가 깨어 있을 때 생각하고 사고하는 모든 것의 정신이다. 인간은 실제로 깨어 있을 때 의식의 약 10%밖에 사용하지 못한다. 나머지 90%는 의식이 아닌 무의식으로 결정된다. 당신의 모든 생각과 행동들, 사고방식, 사물을 보는 방식 등 그 모든 것이 의식보다는 무의식에 의해 결정된다고 보면 정확하다. 즉 당신이 기억하지도 못하는 5살 이전에 생성된 무의식이 당신의 인생의 90% 이상을 결정하는 것이다.

당신은 겉으로는 "나는 돈이 좋아. 나는 돈이 많았으면 좋겠어."라고 말한다. 그러나 당신의 무의식 속에는 '난 지금 돈이 없어. 사실 난 돈이 없는 게 두려워.'라는 숨겨진 마음이 존재한다. 당신의 무의식은 돈이 없는 상황을 두려워하고 있기 때문에 90%의 무의식의 결정대로 현실에서 여전히 당신에게 돈이 없는 상황을 만들어 낸다. 애초에 당신이 간절히 바라는 것은 당신이 가지지 못한 것에 대한 결핍의 대상일 경우가 많다. 즉 당신은 지금 당신에게 돈이 부족하다고 생각하고 있다. 그렇기에 돈을 더 많이 갖고 싶다고 바라는 것이다.

그렇다면 부자들은 과연 평소에 어떻게 생각하고 있을까? 실제로 성공한 사람들의 인터뷰를 보면 그들은 항상 긍정적으로 이야기한다는 것을 알게 된다. 그들은 그들의 사업을 성장시킬 수 있는 방법에 대해 생각하고 올해 연 매출을 더 올릴 수 있는 방안에 대해서 고민하고 있다.

실상 그들의 사업이 현재 어렵다고 해도 자신의 사업이 잘되지 않는다고 신세 한탄하지 않는다. 그들은 늘 자신의 삶과 사업에 대해서 긍정적으로 말한다. 그렇다면 저소득층의 사람들은 평소에 어떻게 생각하고 말하고 있을까? 그들의 인터뷰를 보고 있자면 분노와 부정적인 생각으로 가득 차 있다는 것을 느끼게 된다. 그들은 '로또가 당첨되어야 이 꼴로 안 살 텐데.' 혹은 '나는 지지리도 복이 없어.' 라는 식으로 자기 한탄과 부정적인 생각을 하고 있다는 것을 깨닫게 된다.

그렇다. 무의식은 진실과 거짓을 구분하지 못한다. 무의식은 온전히 입 밖에 내뱉는 말들을 듣고 그저 그것이 이루어지도록 노력한다. 당신이 하는 말들의 은유나 비유 등은 알아듣지 못한다.

당신의 입에서 나오는 말 그대로 이루어지게 만든다. '나는 가난이 너무 싫어. 부자가 되고 싶어.'라고 입 밖으로 당신이 내뱉는 순간 무의식은 처음에 나온 단어 즉 '가난'이라는 것에 초점을 맞추게 된다. '가난'이라는 부정적 말을 들은 무의식은 텅 빈 지갑을 상상하고, 대출 이자를 생각하고 잘나가는 친구와 비교하게 만든다. 무의식은 직설적으로 가난이란 단어에 가장 먼저 반응하여 가난을 상상한다. 결국 다시 가난한 현실이 창조된다.

따라서 부자가 되고 싶다면 지금부터 어색하더라도 긍정적으로 말을 해야 한다. 사실 쉽지는 않겠지만 당신의 무의식 속에 깊이 새겨진 부정적 암시를 긍정적 암시로 바꾸는 연습을 해야만 한다. 긍정적인 말투 그리고 긍정적인 생각을 가지고 그것을 행동으로 옮기면 당신은 어느새 성공한 사람들과 비슷해진다. 그렇게 점점 당신의 인생이 긍정적으로 변해가기 시작한다. 점차 여러분이 좋아하는 분야에서 고도의 집중과 몰입 상태를 기분 좋게 유지할 수 있게 된다. 그 집중과 몰입 상태가 유지될 때 정서적 자유와 경제적 자유가 나타나는 것이다.

무의식은 당신이 5살이 되기 전에 이미 모두 확립되었다. 무의식이 한 번 생성되면 그것을 바꾸기는 쉽지 않다. 나이가 많을수록 자신의 삶에서 반복되는 패턴이 생기고 그것을 바꾸기란 더 어려워진다. 하지만 이 책을 읽고 있는 여러분은 가능하다. 여러분은 아직 젊기 때문이다. 무의식을 바꾸기에 앞서 우선 내가 가지고 있는 돈에 대한 두려움에서 벗어나야 한다. 대한민국은 돈에 대한 집단적 무의식의 두려움에 사로잡혀 있는 경우가 많다. 자본주의 국가에서 급성장을 하면서 빈부격차가 심해지고 그렇게 가난하면 삶이 살기 힘들어진다는 것을 모두 경험해 보았기 때문이다.

흙수저는 흙수저 자식을 만든다는 말이 있다. 정말 그럴까? 이 주장에는 사실 부모로부터 자식에게 이어지는 무의식의 힘이 작용된다. 흙수저 부모 밑에서 태어난 한 아이가 있다. 그 아이는 태어나면서부터 자연스레 부모님들이 돈 때문에 다투는 모습을 자주 보게 된다. 부모님은 돈 때문에 자식 앞에서 다투고 싸우고 말다툼을 한다. 돈이 없다고 소리를 지르거나 돈 때문에 불행한 모습을 보이기도 한다.

자식은 그런 부모의 모습을 고스란히 지켜보면서 점차 돈이 없으면 불행해진다는 것을 알게 된다. 돈 때문에 힘들어하는 부모님을 보면서 돈에 대한 부정적인 이미지를 무의식에 새기기 시작한다.

결국 아이는 부모로부터 '돈'에 대한 '두려움'을 무의식 속에 새기게 된다. 그들이 가난을 대물림받는 이유는 결국 부모님의 '돈'에 대한 두려움을 자녀와 무의식으로 공유하기 때문이다. 당신의 돈에 대한 두려움의 무의식은 자녀에게 그대로 전달된다. 적어도 자녀가 불행해지는 것을 원하지 않는다면, 이제부터 돈에 대한 긍정적인 마음을 가져야 할 것이다.

5

인생의 과도기마다
돈 문제는 버티고 있다

　포브스의 창업자 버티 찰스 포브스는 아들에게 "아들아, 세상사 거의 모든 문제는 돈 문제란다."라고 말했다.

　사실 그렇다. 모든 인간관계의 불행은 돈으로부터 발생한다. 심지어 가장 안락하고 편안해야 하는 가정에서조차 돈 때문에 많은 불화와 갈등이 생긴다. 돈 때문에 나는 원하는 것을 포기할 수밖에 없고 돈 때문에 나의 가족은 붕괴된다. 돈 때문에 한평생 괴로워하고 심지어 돈 때문에 인생을 포기하기까지 한다. 인생을 살아가는 데 돈은 항상 나의 발목을 잡거나 혹은 내 앞에 버티고 서 있다. 과연 나를 붙잡고 있는 돈 문제를 나는 어떻게 요령껏 잘 피해서 살아갈 수 있을까?

어릴 때부터 가난은 나에게 너무나 익숙한 삶이었다. 대구에서 가장 못 사는 동네로 소문난 그 동네에서 철거되기 직전의 아파트에서 우리는 살았다. 학창시절엔 돈 때문에 많은 것을 포기해야만 했고 그렇게 이 악물고 대학생만 되면 스스로 돈을 벌어서 자유롭게 마음껏 쓰리라 결심했다. 그러나 대학생이 되어도 별반 달라진 건 없었다. 순전히 나 스스로 벌어서 용돈을 충당해야 했기 때문에 낮에는 아르바이트를 하고 밤에는 수업을 듣는 삶이 반복되었다.

20대 초반, 얼마나 놀고 싶을 때인가! 친구들은 꽃놀이를 가고 동아리에 가입하고 이성친구를 사귀면서 즐거운 나날들을 보냈다. 반면에 나는 항상 아르바이트와 학업을 병행하는 나날의 연속이었다. 어느 날 오랜만에 만난 친구와 이야기를 하던 도중에 그녀가 무심코 한 말이 아직도 나의 기억에 남아 있다. "이제 방학인데 너무 무료해. 심심한데 아르바이트나 한번 해볼까? 사회생활 경험도 해볼 겸 말이야." 천진난만하게 웃는 그녀 앞에서 나는 아무 말도 할 수 없었다.

그녀에게 아르바이트는 무료한 시간을 때우고자 하는 경험의 수단이었고 나에게 아르바이트는 당장 하지 않으면 살아갈 수 없는, 생계가 달린 일이었다. 그 극명한 온도의 차이란 충격이었다. 그때 처음으로 나도 넉넉한 집에서 태어났으면 좋았겠다고 생각했다.

이상하게도 돈이란 것은 내가 잡으려고 애쓰면 애쓸수록 나에게서 멀어졌다. 돈은 쫓아갈수록 내 옆에서 도망쳤다. 나는 돈을 붙잡기 위해 돈을 쫓아가고 있었다. 대학을 졸업하고 취업을 하면서 나의 소득은 월 200만 원이 되었다. 기뻤다. 이론대로라면 아르바이트를 해서 100만 원을 벌 때보다 수익이 2배가 늘어났으니 나의 행복감도 2배로 커져야 했다. 그러나 아니었다. 돈이 2배로 늘어났음에도 나의 삶의 질은 나아지지 않았다. 여전히 나는 돈에 쪼들리고 있었다. 왜? 왜 여전히 나는 돈 때문에 힘든 거지? 왜 아직도 돈 때문에 허덕이고 있는 걸까? 내 인생이 어디서부터 잘못된 건지는 모르겠지만 나는 지금부터라도 돈 공부를 해서 돈이 없는 상황에서 벗어나보기로 결심했다.

현대 사회에서 가장 중요한 것은 무엇일까? 삶을 살아가는 데 가장 필요한 것과 또한 필수적으로 가지고 있어야만 하는 것은 무엇일까. 여러 가지 대답이 나올 수 있다. 아름다운 환경, 사랑, 돈, 친구, 이성, 믿음, 아이, 평화, 건강, 나의 행복 등…. 물질적 요소와 더불어 정신적 요소들은 우리를 행복하게 만들어준다. 그러나 만약에 우리가 당장 굶어죽을 지경에 처해 있다면 우리는 세계 평화보다 지금 내 입에 들어갈 쌀 한 톨이 더욱 간절해진다. 당장 굶어죽게 생겼는데 세계의 평화와 아름다운 환경 등을 따질 겨를이 없다. 인간으로서 당연히 살고자 하는 욕구가 일어난다. 그렇기에 의식주는 인간이 살아가는 데 최소한의 기본 요소가 되어야만 하는 것이다.

지구에서 산업화가 진행되면서 자본주의 생산체제가 나타나기 시작했다. 인간의 노동력의 결과로 상품, 화폐 등이 어느 순간부터 숭배의 대상이 되기 시작했다. 물질적 가치는 정신적 가치보다 앞서게 되었고 사람들은 점점 삶의 최고 가치를 '돈'에 두기 시작했다. 사실 돈은 인간이 가질 수 있는 최고의 권력이자 힘이고 살면서 접하는 모든 것을 단번에 해결할 수 있는 만병통치약이다. 먹고 자고 입고 놀고 즐기고 그 모든 것들은 돈이 있어야만 가능하다. 결국 우리는 돈이 인생의 전부는 아니지만 돈이 중요하다는 사실은 인정할 수밖에 없다.

여러분은 돈이 어느 정도 있으면 행복하게 살 수 있을 것 같은가?
미국의 블룸버그 여론조사의 결과를 한번 살펴보자. (2020.7.)

Q : 얼마가 있으면 행복할 것 같으세요?
A : 200만 달러 정도. (우리나라 돈으로 약 24억 원에 못 미치는 금액이다.)

한국에서도 같은 질문을 해보았는데(2018년 여론조사) 대답이 비슷하게 나왔다.

한국 사람들은 보통 '25억 원'이 있으면 행복하게 살 수 있을 것 같다고 대답했다.

25억이라는 큰 금액이 있어야만 행복하게 살 수 있다면 지금의 내 인생은 과연 뭘까? 나는 언제 행복해질 수 있을까? 나는 지금 통장에 100만 원도 없는데? 이런 생각들이 여러분의 머리를 스쳐 지나가고 있는가? 여러분을 좌절시키기 위해서 이 글을 쓰고 있는 것이 아니다. 하늘에서 돈 뭉치가 떨어지는 것을 기다리고 있는 것이 아니라면 우리는 지금부터 돈 공부를 해야 한다. 당장 25억이라는 큰 돈을 목표로 하는 것은 현실적으로 쉽지 않다. 그렇다면 우선 내 통장에 들어갈 돈 100만 원 을 모으기 위해 지금부터 돈 공부를 시작하자.

지금 서점으로 달려가자. 서점에 쌓여 있는 수많은 경제 책들 중 당신이 끌리는 제목의 책을 하나 구매하자. 그리고 그 책을 처음부터 끝까지 한 번은 무조건 정독해보자. 아마 무슨 말인지 모르겠고 당최 이해가 가지 않을 수도 있다. 그럼 3번까지만 반복해서 읽어보자. 당신이 그 책을 읽는 그 순간부터 당신은 부자가 되는 첫걸음에 들어서게 되는 것이다. 설마 당신이 돈 공부를 시작한다고 해서 어마어마하게 큰돈을 바로 주식에 투자한다거나 역세권 부동산을 사는 행동은 하지 않을 것이라고 나는 믿는다.

사실 돈 공부를 처음 시작하는 단계에서는 지금 당신이 가지고 있는 돈에 대한 생각과 의식부터 바꿔야 한다.

혹시 여러분은 돈에 대해서 다음과 같은 생각을 하고 있지는 않은가?

'나는 돈과 인연이 없다.'
'부모님이 부자가 아니라서 나도 부자가 아니다.'
'영리한 사람들만 득을 본다.'
'능력이 없으면 부자가 될 수 없다.'

세상의 부자들을 한번 살펴보자. 당신도 이미 알고 있다시피 가난한 가정에서 태어나 인생을 역전시키고 성공한 사람들이 있다. 무일푼에 아무런 인맥도 없던 그 사람은 도대체 어떻게 성공할 수 있었던 것일까? 여러 가지 방법이 있지만 우선 가장 중요한 것은 돈에 대한 부자들의 진심 어린 생각과 마음이다.

성공한 사람들은 진심으로 돈을 좋아하고 항상 돈을 생각하고 돈을 사랑한다. 당신이 '수박 겉 핥기' 식으로 "나는 돈을 좋아해."라고 가볍게 말하는 것과는 다르다. 그들은 마음속 깊이 우러나는 진심으로 다음과 같이 이야기한다.

"나는 정말 돈을 좋아하고 사랑해."

그들은 진심으로 돈을 사랑하고 돈으로 얻을 수 있는 행복과 여유, 그리고 주변에 베풀 수 있는 풍족함에 감사를 드린다. 부자들은 돈에 대해서 좋은 이미지를 가지고 있다.

이제부터라도 부자들처럼 돈을 좋아하고 사랑해보자. 곧 돈도 당신의 사랑을 깨닫고 점점 당신 곁에 가까이 다가오게 될 것이다.

6

어설픈 공부는
절망보다 나쁘다

J는 착실한 대학생이었다. 그녀는 대학교 때 매번 1교시 강의가 있음에도 단 한 번도 지각을 한 적이 없었다. 전공과목에 있어서는 매번 A학점 이상을 받았고 최소 1년에 한 번은 성적장학금을 받는 똑똑한 학생이었다. 그랬던 그녀가 오늘 어두운 얼굴로 나를 찾아와서 한숨을 푹 쉬며 말하는 것이었다.

"언니, 4년제 대학교에 4천만 원의 등록금을 내면서 다녔지만 결국 나에게 남은 건 할부로 남은 학자금 대출금뿐이야…."

나름 열심히 살았던 그녀는 졸업을 앞두고 아직 취업이 되지 않은 상태로 스스로에게 절망하고 있었다. 그녀의 허무한 얼굴을 보며 나 역시 그녀와 같은 기분을 느꼈던 그날의 기억이 떠올랐다. 고개를 끄덕였다. '그래, 나 역시 그랬지.' 대학 4년간의 족히 몇 천 만원의 등록금은 '졸업장'이라고 단 3개의 글자가 적힌 종이 한 장의 가치로 나에게 안녕을 고하였다.

우리는 살아가면서 죽기 직전까지 수많은 선택을 하게 된다. 결국 우리 인생은 무수히 내가 선택한 삶들이 모여 이루어진 결과물이라는 말도 있지 않은가! 당신은 오늘 아침에도 눈을 뜨면서 당신의 의지로 선택하기 시작한다.

당신은 아침에 일어나 회사에 출근하기 전 카페인을 섭취하고자 한다. 2가지 메뉴 중에서 한 가지를 골라야 한다. 아메리카노와 카페모카 사이에서 말이다. 당신이 아메리카노를 선택할 경우 어떤 결과를 얻을 수 있을까? 당신은 충분한 카페인을 마시면서 당신의 늘씬한 몸매도 유지할 수 있음에 기쁨을 느낀다. 카페모카는 어떨까? 당신은 달콤한 카페모카에 취해 하루 종일 좋은 기분을 유지할 수 있다. 당신이 선택한 것과 선택하지 않은 것에 대한 비교우익적인 부분을 '기회비용'이라고 한다.

J양의 대학교 등록금에 대한 기회비용을 한번 생각해보자.

첫 번째, J가 대학교를 간다면?

예시에서 이미 J는 대학교를 선택 후 졸업까지 하였기 때문에 선택의
여지는 없다. 그리고 그녀가 얻은 결과는 사회적 분위기에 맞춰서 4년제
대학교 졸업장을 우수한 성적으로 취득한 것이다. 4년제 졸업장은 여러
모로 쓸모가 있는데 그녀의 좋은 학점과 더불어 앞으로 그녀의 취업활동
에 좋은 스펙이 된다. 그녀는 4년제 졸업장을 취득함으로써 앞으로 그녀
가 원하는 회사에 들어가기 용이해졌고 앞으로 그녀의 취업활동에 많은
도움을 받을 수 있다.

두 번째, J가 대학교를 가지 않는다면?

J가 대학교를 가지 않았을 경우의 기회비용을 생각해보자. 그녀가 4년
간 대학교 생활을 하면 등록금과 생활비를 포함해 최소 3,000~4,000만
원의 비용이 들어간다. 만약에 대학교를 가지 않는다면 우리는 약 4,000
만 원의 금액을 절약하게 된다. 현실에 4,000만 원이 있다고 생각한다면
더 많은 기회의 문이 열리기 시작한다. 즉 J는 이 4,000만 원의 돈으로
작은 가게를 임대하여 장사를 시작할 수가 있다. 혹은 시장에서 직접 물
건을 떼와서 마진을 남기고 사고파는 소매업자 일을 할 수도 있다. 어쩌
면 자기계발을 위해 자격증을 따거나 외국으로 1년 이상 유학을 갈 수도
있다. 즉 J가 대학교 등록금으로 이 금액을 사용하지 않았더라면 어쩌면
J는 더 넓은 세상의 길로 일찍 들어설 수도 있었을 것이다.

이제 기회비용의 뜻이 좀 더 와닿았을 것이다. 우리가 어떤 선택을 하느냐에 따라서 우리는 기회비용의 반대쪽 이득을 감수해야 하는 것이다.

당신은 현재 취업을 준비하고 있다. 당신이 원하는 회사에 들어가려면 가장 먼저 할 일은 들어가고자 하는 회사의 기본정보와 그들이 원하는 회사의 인재상을 파악하는 것이다. 우선 원하는 회사의 홈페이지에 들어가본다. 그 회사의 설립연혁과 연도, 설립 의도를 살펴본다. 그리고 조직도와 부서별 담당 업무를 살펴보고 마지막으로 그 회사가 필요로 하는 인재상을 알아낸다. 이제 당신은 그 회사가 필요로 하는 인재상에 맞게 자신을 갈고닦으며 준비한다. 당신은 회사가 원하는 1차 서류통과의 필수조건부터 준비한다. 즉 회사에서 요구하는 1) 자격증 2) 토익점수 3) 대외행사 수상경력 4)봉사활동 경험 같은 것들 말이다.

그러나 여기서 잘못된 수순을 밟는 사람들이 있다. 이른바 열심히 살기 위해 노력했으나 순간 방향을 잘못 잡아 점점 되돌아올 수 없는 길로 가는 사람들 말이다. 예를 들어 당신이 취업을 준비하는 그해에 갑자기 어느 한 분야의 직업이 반짝 인기를 얻기 시작한다.

TV에서도 취업 잘되는 직업군으로 여러 번 방송에 나온다. 보아하니 자격증 따는 과정도 어렵지 않은 것 같다. 남들도 다 준비하니까 나도 이

자격증 준비해볼까 생각하며 학원비를 내고 수업을 등록한다. 당신과 비슷한 생각을 가진 사람들이 같은 강의실에 앉아 있다. 시간이 흐르면서 어느새 공급지보다 수요자가 더 많아지는 역현상이 나타난다. 회사에서는 그 자격증을 취득한 사람을 저임금으로도 충분히 고용할 수 있게 된다. 전체적으로 임금 수준이 낮아진다. 악순환이 반복된다. 나 또한 인기많은 자격증이라고 해서 우르르 달려가서 열심히 수업을 듣고 자격증을 취득한 적이 있었다. 물론 민간자격증이었다. 막상 자격증을 취득한 후에는 취업하기가 힘들었다. 결국 쓸모없는 자격증이 되고 말았다.

오늘도 청춘들은 자신의 젊음을 담보로 잡힌 채 3평 남짓의 노량진 고시원에서 머리를 싸매며 열심히 공부하고 있다. 그들의 목적은 동일하다. 바로 대한민국에서 공식적으로 안정된 직장으로 인정받는 '공무원'이 되는 것이다. 그들이 목숨 걸고 공무원 시험에 도전하는 이유는 정년이 보장된다는 큰 메리트 때문이다. 만약에 당신이 우수한 성적으로 대기업에 입사했다고 생각해보자. 당신은 처음에 박수를 받는다. 대기업에 취업했다는 것은 대단한 일이기 때문이다. 그렇게 열심히 일했다. 하루에 12시간씩 주 7일을 근무했다. 그러나 어느 날 갑자기 예기치 않게 회사 사정이 어려워져 당신이 해고된다면 어떻게 대처하겠는가? 내가 아무리 열심히 일한다고 해도 나의 안전을 보장할 수 없다. 그렇기에 모두 공무원 시험에 몰리는 것이다.

대한민국은 고도의 성장발달 과정을 거쳐 현재 안정세에 접어들고 있는 추세이다. 예전에 비해서 현 2030세대는 확실히 취업이 어려워졌음을 느낄 수 있다. 현재 취업의 가능성은 점점 바늘구멍이 되어가고 있다. 그 속에서 청춘들은 혼란스럽다. '내가 뭘 해야 하는지 모르겠어요.' '앞으로 제가 뭘 하며 살 수 있을까요.' '4년제 졸업했는데 공장 다니면 사람들이 무시하지 않을까요?' 우리 청춘들은 흔들리고 있다. 아파하고 있다. 과연 우리는 앞으로 어떻게 살아가야 하는 걸까?

과거와 달리 이제는 공부로 성공하는 시대는 쉽게 오지 않을 것이다. '개천에서 용난다'는 말은 이미 역사 뒤편으로 사라진 지 오래다. 요즘은 개천에서 용 나오지 못한다. 넓은 바다에서 용 나온다. 즉 재력이 어느 정도 뒷받침해줘야 공부도 잘한다. 그것이 아니라면 차라리 기술을 배우거나 나만의 분야에서 특별함을 드러내서 1인 창업을 하는 것이 좋다. 요즘은 1인 창업시대이다. 유튜버도 1인 창업가이다. 내가 잘하는 그 부분을 개발해서 그걸로 사람들을 끌어들이는 것이다. 당신이 유명해지기 시작하면 사람들은 직접 당신을 찾아오게 된다.

그러므로 지금부터는 어설픈 공부 같은 건 하지 말자. 당신의 특성을 더 발전시키자. 당신만이 가지고 있는 그 특별함이 당신을 성공의 길로 이끌어준다.

7

똑똑한 여자는
돈의 주인이 된다

어릴 때부터 나는 어른들로부터 '돈 좋아하는 둘째딸' 소리를 듣고 자랐다. 가난한 집에 태어나서 정확히 언제부터 돈을 좋아하게 된 건지는 모르겠지만 사실 그랬다. 나는 돈을 좋아했다. 어릴 때부터 좋아했고 마흔을 코앞에 두고 있는 지금도 여전히 나는 돈을 좋아한다. 어린 시절 나의 노란색 돼지 저금통은 항상 부지런히 채워졌고 어느새 배가 꽉 찬 저금통은 은행에 가서 내 이름으로 된 통장에 차곡차곡 쌓여졌다.

당신은 어떤 욕망을 갖고 있는가? 당신이 원하는 것은 무엇인가? 지금 당장 당신이 갖고 싶고 이루고 싶은 것이 무엇인가? 그것은 물건이 될 수도 있고 사람이 될 수도 있고 직업이 될 수도 있다. 주의할 점은 욕망과 욕심은 다르다는 것이다. '욕망'은 부족함을 느껴 무엇을 가지고 누리고자 하는 순수한 마음의 결정체이다. 욕심과 비슷한 의미인 탐욕과도 다르다. '탐욕'은 남을 해하면서까지 자신의 이익을 추구하고자 하는 것이다. 즉 근본적으로 '욕망'은 나 자신이 가지고 싶고 또 이루고 싶은 것에 대한 순수한 열정의 산물이다. 우리나라 사람들은 여전히 욕망을 터부시하는 경향이 있다. 과거의 유교사상에 입각하여 겸손이 미덕이라는 사회적 분위기가 조성되어 사실상 부에 대한 욕구와 개인의 욕망은 여태껏 드러내기 쉽지 않았다.

그러나 이제 시대는 놀라운 속도로 바뀌고 있다. 돈에 대한 인식도 마찬가지다. 예전의 부자들이 돈에 대해 쉬쉬하며 조심스러워했다면 현 세대들은 부에 대한 의식이 점차 깨어나고 돈에 대해서도 자신의 욕망을 당당히 드러낸다. 그들은 열린 마음으로 일반인들에게 동기부여를 해주는 부자들의 동영상을 스스로 찾아보고 있다. 어쩌면 여러분은 이미 체감하고 있을 것이다. TV나 개인 SNS에서 자신의 부와 능력을 자랑스럽게 보여주는 젊은 세대의 성공한 사람들의 모습을 말이다. 돈의 주인이 되어 'FLEX(플렉스)'하는 젊은 신흥 부자들의 모습을! 그들은 젊고 생기가 넘치고 자유분방하다.

성공한 연예인들이 TV에 나와서 자신의 넓은 집과 정원을 자랑한다.

미혼남성, 미혼여성이 혼자 살아가는 모습을 보여주는 프로그램에서는 스스로의 힘으로 성공을 일궈낸 젊은 세대가 자주 등장해 그들의 풍요로운 삶의 모습을 보여준다. 랩퍼 도끼는 자신의 5만 원짜리 현금다발을 의도적으로 보여주고, 배우 유아인은 2층짜리 넓은 테라스가 있는 집을 보여준다. 그리고 한 시대를 풍미한 여걸 박세리 골퍼 또한 자신의 넓은 집을 배경으로 과거 자신의 성공스토리를 담담히 들려준다. 그들은 당당하지만 거만하지 않은 태도로 자신을 드러낸다.

성공하는 사람들을 보고 있자면 그들만의 비슷한 특징이 존재한다는 것을 알게 된다. 일단 그들은 자신의 경험이 바탕이 된 높은 자신감을 가지고 있다. 그리고 성취의 만족감이 밑거름이 되어 배어나오는 스스로에 대한 만족감이 있다. 가끔씩 "저는 단순히 운이 좋았습니다."라고 말하는 사람들도 존재하지만 결국엔 반드시 성공하겠다는 욕망과 욕심이 있었다고 말한다. 그들은 무언가를 이루고 싶다는 욕심이 강했고 그것을 해내기 위해 욕망을 강하게 품었기에 지금의 성공을 이룰 수 있었다고 이야기하는 것이다. 우리 모두는 각각의 욕망을 가지고 있다. 당신이 지금 갖고 싶고 이루고 싶은 그 모든 것은 당신의 순수한 열정이다.

나 역시 욕망이 있다. 심지어 나는 욕망 부자다. 나는 어릴 때부터 내소유의 집을 갖고 싶다는 꿈이 있었다. 우리 집은 어릴 때부터 남의 집에

셋방살이를 하고 매번 월세가 싼 집을 찾아서 1년마다 이사를 가곤 했었다. 새벽녘 리어카 위에서의 그 차가운 아침 공기를 지금도 기억한다. 아빠는 앞에서 리어카를 끌고 엄마는 뒤에서 밀어주고 있었다. 어린 우리 3남매는 아빠, 엄마의 곁에서 행여 그들을 놓칠세라 잰걸음으로 부지런히 뒤따라 걷고 있다. 이사 간 집은 매번 비슷했다. 여전히 방은 1~2칸짜리였는데 식구 5명이 같이 누워서 잠을 자기에도 비좁았다. 그러나 중학생이 되면서 사춘기에 접어든 나는 나만의 개인 방을 무척이나 갖고 싶었다. 그러나 겨우 방 2칸짜리 집에서 나의 방을 가질 수 있을 리가 없었다. 결국 나는 결혼 후에야 나만의 방을 가질 수 있었다. 평범한 유년시절을 보낸 우리는 모두 마음속에 내면아이가 존재한다. 내면아이는 어릴 때 받은 자신의 상처를 무의식에 저장한 채 마음속 깊이 숨어 있다. 성인이 된 후에도 내면아이는 상처받은 그때의 모습과 비슷한 상황에 맞닥뜨리게 되면 갑자기 아이처럼 반응한다. 즉 결핍에 대한 무의식적 반응이 일어나는 것이다.

내 아이가 3살이 되던 그 해 크리스마스를 앞둔 어느 날이었다. 우리는 크리스마스 선물을 사기 위해 장난감 가게에 들렀다. 입구에 들어서면서부터 아이는 신이 나서 이것저것 만져보고 있었다. 나 또한 주변을 돌아보다가 문득 내 눈 앞 선반대 위에 있는 '미미인형'을 발견했다. 아 나의 미미인형이여! 나의 유년시절에 그토록 가지고 싶었던 나만의 미미인형이 그곳에 있었다. 그 당시 금발의 미미인형은 인기가 많았다. 그 인형이 너무나 갖고 싶었던 나는 생일을 앞두고 엄마에게 미미인형을 꼭 사달라고 몇 번이고 졸랐다. 그러나 그 당시 어려웠던 가정 형편 때문에 엄마는 나에게 미미 인형을 선물로 사줄 수 없었다. 그날 밤 실망한 나는 이불을 뒤집어쓴 채 엉엉 울면서 잠이 들었던 기억이 난다.

그때가 아마 내가 8살이었을 것이다. 30년이 지난 지금도 그 당시의 감정이 생생하게 떠오르는 것을 보면 8살의 나는 그 '미미인형'이 정말로 갖고 싶었던 모양이다. 그리고 그제야 나는 깨달았다. 내가 반복해서 하는 어떤 행동의 의미를 말이다. 나는 어른이 된 후에도 장난감 코너에서 금발의 인형들을 둘러보곤 했는데 단순히 내가 인형을 좋아하는 거라 생각했다. 그러나 사실은 어릴 때 갖고 싶었던 미미인형을 결국 갖지 못한 내 속의 내면의 아이가 성인이 되어서도 여전히 나만의 '미미인형'을 찾고 있었던 것이었다.

넉넉하지 못한 형편에 그 미미인형을 사주지 못한 엄마의 마음도 얼마나 아팠을까. 한평생 열심히 살아왔지만 늘 넉넉하지 못했던 가정형편에 아빠와 엄마도 고생을 많이 하셨다. 우리 부모님은 항상 열심히 살아오셨지만 여전히 돈이 모이지 않았다. 그들이 그렇게 오랫동안 가난할 수밖에 없었던 이유는 무엇일까? 어쩌면 이미 가난에 길들여 버린 부모님의 무의식에서 돈이란 것이 두려운 존재로 각인되어 있었을 지도 모른다. 나는 욕심도 많고 이루고 싶은 욕망도 많은 사람이다. 가족에게 넓고 따뜻한 집을 제공하고 싶다. 승차감이 좋은 멋진 차를 타고 맛있는 음식을 대접해드리고 싶다. 가족들과 풍족하게 행복하게 잘 살고 싶다는 생각을 매일같이 한다.

그러므로 우리는 돈에 대한 의식 자체를 바꿔야만 한다. 내가 돈에 대해서 긍정적인 생각을 하면 머지않아 돈도 나에게 긍정적으로 다가오게 된다. 내가 먼저 돈을 사랑하면 돈도 곧 나를 사랑해주기 시작한다. 당신은 돈에 대해 사랑의 감정을 느껴본 적이 있는가? 진심으로 돈이 있어서 감사하다고 생각해본 적이 있는가? 당신은 돈을 쓸 때마다 돈에게 사랑한다고 말을 하는 것이 좋다. 즉 진심으로 돈에게 감사하고 돈 때문에 많은 것을 누릴 수 있음에 또 감사하자. 내 자신이 먼저 내 돈의 주인이 되어야 한다. 이제 돈을 사랑한다고 말하자. 왜 돈을 사랑한다고 당당하게 말하지 못하는가! 돈도 감정이 있다. 돈도 자기를 좋아해주고 아껴주는 사람에게 따라붙는다. 나는 오늘도 외친다.

"돈아, 사랑해. 내 지갑에 이렇게 많이 있어줘서 고마워. 너의 주인이 되어서 행복해. "

8

나이 들수록
잘나가는 여자의 비밀

분명히 나보다 평범했던 그녀였다. 학창시절 밝은 성격과 리더십으로 친구들에게 인기가 많았던 나와 다르게 그녀는 소수의 친구들과 조용하게 어울렸다. 키가 크고 돋보였던 나와는 다르게 있는 듯 없는 듯 조용했던 그녀. 어느 날 경제잡지를 보고 있는 모습을 보았지만 무슨 저런 책을 보냐며 그저 스쳐지나갔던 날들. 그랬던 그녀가 10년 만에 외제차를 끌고 온 채 한 눈에 봐도 고급스러운 옷을 걸치고 환한 웃음으로 나에게 손을 흔들고 있는 것이 아닌가! 반면 추리닝에 슬리퍼 차림으로 저녁으로 먹을 떡볶이가 든 검은색 비닐봉지를 들고 있는 내 모습과의 대조란…. 아, 대체 그녀와 나는 어디서부터 엇갈린 것일까? 당신 주변에도 이런 친구가 한 명쯤은 있을 것이다. 지극히 평범했던 그녀가 능력 좋은 남자와 결혼까지 골인한 경우 말이다. 어떻게 쟤가 저런 능력 좋은 남자랑 결혼한 건지 뒷담화의 대상이 되지만 현실은 가까이 다가갈 수도 없는 사모님 소리를 듣는 그 친구. 대학생 때 학점 관리하느라 일주일에 2~3번은 코피를 쏟은 나와 달리, 일찌감치 능력 있는 남자와 결혼에 골인해서 알콩달콩 살고 있는 그녀. '열심히 공부해봤자 뭐해 나는 아직 취업준비생이고 그녀는 벌써 사모님 소리를 듣고 있는데. 이럴 줄 알았으면 진작 미모나 가꿔서 능력 좋은 남자랑 결혼이나 할 걸.' 혼잣말로 한탄해봤자 현실은 변하지 않는다.

안타깝지만 시간을 다시 되돌려도 당신이 그런 여자가 될 가능성은 낮다. 비하하는 게 아니라 애초에 그녀와 당신은 세상을 바라보는 눈이 다르기 때문이다. 그녀와 당신의 가장 큰 차이점이 무엇인지 아는가? 답은 간단하다. 그녀는 일찍부터 현실에 대한 눈을 떴을 뿐이다. 학창시절에 경제잡지를 보고 있었던 그녀의 모습을 떠올려보자. 그녀는 일찌감치 남성의 경제구조를 파악하고 자신이 원하는 가정과 꿈을 이루기 위해서 그 남자와 결혼하는 것을 선택한 것이다. 좋은 남편은 가장 좋은 후원자라는 사실을 우리는 알고있어야 한다.

돌이켜보면 나도 서른이 넘어서야 뒤늦게 현실을 깨달았으니 어지간히도 눈치가 없었다. 나의 성향은 태어날 때부터 타고난 것이니 누굴 탓하겠는가. 다만 좀 더 일찍 현실을 깨달았으면 유연한 가치관으로 더 다양한 선택을 할 수 있었을 것이라는 아쉬운 마음이 든다. 20대 때는 아직 너무나 많은 기회가 주어지니까 말이다. 사실 이 책을 쓰면서 나도 아직 30대라는 사실을 깨닫는다. 50~60세대 어르신들이 보시기엔 나도 얼마나 새파란 청춘일까. 그렇게 생각하니 슬며시 웃음이 난다. 나의 사무실에 찾아오는 상담자들 중에는 50~60대도 많이 계신다. 50~60 세대들이 자식고민과 노후고민 뿐이라고 생각한다면 큰 착각이다. 그들은 여전히 청춘이고 여전히 아름답다. 사랑으로 가득 찬 행복한 삶, 그리고 남은 인생을 건강하게 살아가길 원하신다. 100세 시대에 그들은 이제 겨우 인생2막을 지나고 있는 것이다.

나이가 들수록 잘나가는 여자들을 보면 2가지 특징을 가지고 있다. 그것은 바로 '성취감'과 '자신감'이다. 그들은 인생을 100년으로 봤을 때 한꺼번에 모든 것을 가지려고 하지 않는다. 인생시기에 맞춰서 그때마다 하나씩 성취하는 기쁨을 중요하게 생각한다. 또한 그녀는 아름다움을 포기하지 않고 언제나 자신을 가꾼다. 자기에게 어울리는 멋을 찾고 우아하게 자신을 다듬는다. 그것이 자신에 대한 자신감이다.

인생에서 무엇을 하기에 너무 늦은 나이란 없다. 우리 모두 알다시피 나이는 여전히 숫자일 뿐이다. 늦었다고 생각하는 나이에 뒤늦게 성공한 수많은 사람들의 성공스토리를 우리는 이미 알고 있지 않은가!

일본의 베스트셀러 작가였던 시바타 도요에 대해서 잠깐 살펴보자. 그녀는 무려 90세에 시를 쓰기 시작해서 98세에 시인으로 등단했다. 그녀의 책 『약해지지 마』는 150만 부 이상이 판매된 베스트셀러가 되었다. 놀랍게도 그녀는 90세 이전에는 '시'라고는 관심도 없었고 끄적여본 적도 없었다고 한다. 99세의 할머니도 베스트셀러 시인이 되었다. 대체 당신이 이 세상에서 해내지 못할 것이 무엇이 있겠는가?

약해지지 마

있잖아, 불행하다고 한숨짓지 마.
햇살과 산들바람은 한쪽 편만 들지 않아
꿈은 평등하게 꿀 수 있는 거야.
나도 괴로운 일 많았지만 살아 있어 좋았어.
너도 약해지지 마

이 책을 쓰고 있는 나도 어느새 40살을 눈앞에 두고 있다. 내가 상상했던 40살의 모습과 현실의 민낯 속 지금 내 모습의 간극은 어느 정도일까?

솔직히 말하면 현재의 내 모습은 과거 내가 생각해왔던 미래의 내 모습과는 90% 일치하지 않는다. 단지 살아서 숨 쉬고 있다는 것 정도가 10%에 속할까? 인정하고 싶지 않지만 말이다. 나에겐 어릴 때부터 항상 꿈꿔오던 나만의 미래 모습이 있었다. 내 운명의 사람을 만나서 프러포즈를 받고 결혼을 하고 이후 아이는 두세 명 정도 낳아서 남편과 아이들과 마당이 있는 주택에서 강아지와 뛰어놀면서 행복하게 사는 모습을 항상 꿈꿔왔다. 내가 상상하는 나의 가족의 모습은 바로 그런 모습이었다.

결국 인생은 내가 마음먹은 대로 흘러가지는 않는다는 것을 나는 몸소 깨달았다. 혹시 누군가 나에게 '지금 불행하지 않느냐'고 묻는다면 나는 무슨 말을 해줄 수 있을까? 나의 카페와 블로그에는 하루에도 몇 건씩 '어떻게 하면 결혼생활을 잘해 나갈 수 있을까요,' '정말 이 사람과 이혼해야 되는 거 아닌가요?', '혼자 아이를 키워도 괜찮을까요'라는 질문을 받고 있다. 그녀들이 이 질문을 하기까지 얼마나 많은 시간을 혼자 고민하고 고통스러워했는지 나는 이미 잘 알고 있다. 왜냐하면 나 역시 그랬기 때문이다. 지푸라기를 잡는 심정으로 누군가에게 도움을 요청하고 싶었지만 그 당시 내 주변엔 아무도 없었다. 그 많던 전문가들은 다 어디에 있는 건지 찾으려야 찾아 볼 수가 없었고 혹은 겨우 찾게 되더라도 고가의 상담금액이 나의 무거운 발걸음을 더욱 무겁게 만들었다. 결국 나는 40살이 다 되어서야 홀로서기에 성공했다. 망망대해에서 혼자 숨을 꼴깍

이며 물에 빠져 죽기 일보 직전이었던 내가 이제 나만의 보트를 타고 나 자신이 직접 운전대를 잡고 푸른 대서양으로 나아가고 있다. 몇 년 동안 그렇게 고민했던 나의 홀로서기의 준비 기간들이 이제는 너무 늦기 전에 다시 일어설 수 있는 힘이 되어서 참으로 감사할 따름이다. 이제야 비로소 내 인생 2막을 준비하고 있다.

내 나이 40살, 아직 너무 젊지 않은가!

국내 최초 밀라노 유학생으로 유명한 일명 '밀라 논나' 할머니가 있다. 여전히 활발한 사업 활동과 유튜브에서도 활약으로 많은 인기를 받고 있는 그녀는 70을 바라본다. 그녀를 바라보고 있자면 '우아하게 나이 드는 여자란 바로 저분을 의미하는구나.'라는 걸 느낄 수 있다. 그녀는 1952년생으로 올해 69세이다. 짧은 회색머리를 멋지게 스타일링하고 가죽재킷도 마다하지 않는다. 그녀의 당당함은 눈이 부시게 아름답다. 그녀의 카리스마는 많은 여성들에게 워너비가 되고 있다. 단순히 비싼 옷을 입거나 명품을 든다고 해서 인격이 높아지고 분위기가 우아해지는 것은 아니다. 삶의 수많은 경험과 기억들이 그녀를 일흔이 넘어서도 아름다움을 유지하게 해준다.

우리 그런 멋진 '여성'이 되어보는 것은 어떨까?

3 장 ————————

똑똑한 여자가
되기 위한 8가지 방법

1

현명한 여자는
자존감을 잃지 않는다

인생을 살아가다보면 반드시 힘들고 좌절하는 날이 생기기 마련이다. 수없이 절망하고 자신을 자책하기도 할 것이다. 그래도 괜찮다. 당신은 아직 젊기에 다시 일어설 수 있다. 그러나 그 어떤 일이 있더라도 절대로 여러분이 잃어버려서는 안 되는 것이 한 가지가 있다. 그것은 바로 당신의 자존감이다. 도대체 자존감이란 게 뭘까? 자존감이 무엇이기에 심리학에서도 정신분석학에서도 그렇게 자존감을 강조하는 것일까? 자존감이 없으면 세상이 무너지기라도 하는 걸까?

지식백과에 따르면 자존감(self-esteem)이란 자신에 대한 존엄성이 타인들의 외적인 인정이나 칭찬에 의한 것이 아니라 자신 내부의 성숙된 사고와 가치에 의해 얻어지는 개인의 의식이다.

자존감은 나 스스로 가치 있는 존재임을 인식하는 것이다. 자존감은 인생의 역경에 맞서 이겨낼 수 있다는 자신의 능력을 믿는 것이다. 자신의 노력에 따라서 삶에서 성취를 이루어낼 수 있다는 일종의 자기 확신이다. 자존심과 자존감은 다르다. 자존심은 타인에게 잘 보이고 싶고 타인이 나를 존중해주고 받들어주길 바라는 감정이다. 반면에 자존감이란 나 자신을 있는 그대로 받아들이고 스스로 나를 사랑해주는 나 본연에 대한 마음이다. 자존감이 적당하게 잘 형성된 사람은 자신을 소중히 여기며, 다른 사람과 긍정적인 관계를 유지 할 수 있다. 살아가면서 반드시 지켜야 할 것이 무엇이냐고 묻는다면 나는 주저하지 않고 '자존감'이라고 얘기하고 싶다.

그렇다고 내가 높은 자존감의 소유자냐고 물어본다면 그렇지 않다. 왜냐하면 나는 내가 살아오는 동안 최근 몇 년간 처절하게 나 자신을 잃어버렸기 때문이다. 당시 나는 내가 어떤 인격의 사람이었는지조차 기억 못할 정도로 황폐해져 있었다. 몇 년 동안 반복되며 이어진 가스라이팅은 나의 자존감을 무너뜨렸다. 나는 어느 순간 나 자신을 믿지 못하게 되었고 심지어 스스로 옳고 그름을 판단하지 못하는 지경에 이르렀다. 그야말로 나는 자신을 완벽하게 잃어버린 것이다.

이제 와서 불행했던 그때의 내 이야기를 하는 것이 무슨 소용이 있겠는가! 이미 모든 상황은 종료되었다. 누군가를 비난하고자 이 글을 쓰는 것도 아니고 그 모든 원인은 내 탓이 아니었다고 나의 정당성을 토로하고자 하는 것도 아니다. 생의 모든 문제에서 어느 한쪽의 일방적인 잘못이란 존재하지 않는다. 한 사람이 바보가 아닌 이상 어떻게 그 모든 것이 오로지 한 사람만의 탓으로만 치부될 수 있단 말인가! 그리고 그 모든 것이 내 탓이라고 100% 몰림을 당하는 사람은 그 억울한 마음을 어떻게 풀수 있을까!

그럼에도 나의 경험을 여러분들에게 들려주고자 하는 이유는 여러분은 나와 같은 실수를 하지 않았으면 하는 마음에서이다. 나는 긴 터널을 돌고 돌아왔지만 여러분은 그 어둠의 터널을 지나오지 않기를 바라는 마음이다. 여러분은 분명히 나보다 현명하기 때문에 힘든 터널은 지나오지 않을 것이고 혹시 터널 입구에 들어섰더라도 과감하게 돌아설 거라고 믿는다.

대부분의 2030 미혼 여성들은 요즘 시대에 전통적인 남존여비의 사고방식 따위는 과거의 끄트머리로 사라져버렸다고 생각한다. 여러분을 실망시키고 싶진 않지만 현실적으로 말하자면 한국의 사고방식이나 가치관은 아직 갈 길이 한참 멀었다. 많은 젊은이들은 직장생활을 할 때는 자신의 구시대적인 가치관을 드러내지 않는다. 남들의 이목을 받는 것이 두렵고 자신이 뒤떨어지는 마인드의 사람이라는 것을 들키고 싶어 하지 않기 때문이다. 그들은 최첨단 글로벌 시대에 맞게 개화된 사람들처럼 남녀평등이 당연하다는 듯이 굴다가 결혼생활을 시작하면 느닷없이 빗장을 풀고 자신의 가부장적인 면을 당당하게 드러낸다.

결혼은 해볼 만한 미친 짓이지만, 그럼에도 불구하고 절대로 만나서는 안 되는 유형의 사람들이 있다. 당신의 인생을 송두리째 갉아먹을 사람에 대해서 미리 알아보자.

1. 부모님이 반대하는 사람
2. 가치관이 구시대적인 남자
3. 열등감이 있는 남자
4. 나르시시스트

여러분은 똑똑하고 현명하다. 현명한 당신이 누군가를 데리고 왔을 땐 괜찮은 사람이라는 확신이 있었을 것이다. 그러나 만약에 당신의 부모님이 어떤 이유로 그를 반대한다면 최소한 10번 이상 심사숙고해서 생각해 보자. 부모님의 수십 년 동안 쌓아온 삶의 지식을 함부로 무시하지 말자. 당신의 행복을 위해서라면 불구덩이에 뛰어들 수도 있는 것이 당신의 부

모님이다. 지금 당신 곁에 있는 그 사람이 영원한 사랑을 속삭이고 있는
가? 수많은 경우의 수가 있고 당신이 그 예외의 경우에 속할 수도 있겠지
만, 부모님이 반대한다는 것은 당신에게 원망을 듣더라도 소중한 자식이
불행의 구렁텅이에 스스로 걸어들어가는 것을 지켜볼 수 없기 때문이다.
만약에 부모님이 반대한다면 신중하게 10번, 아니 100번 더 생각해보자.

　가치관이란 결혼을 하기 전까진 잘 드러나지 않는다. 최소 1년 이상 연
애를 하면서 겨우 알게 되기도 한다. 만약에 사귀는 동안 당신의 남자친
구에게서 구시대적인 사고방식을 갖고 있는 게 드러난다면 그리고 심지
어 그것을 조율할 생각조차 없다면 그의 곁에서 조용히 도망가는 것이
가장 좋다. 남자는 결혼하고 나면 자의든 타의든 가부장적인 면이 나타
날 수밖에 없다. 왜냐하면 회사에서 가부장적인 남자 상사들을 보면서
자연스럽게 답습하기 때문이다. 그런데 연애할 때부터 '집안 살림은 당연
히 아내가 하는 일' 혹은 '결혼 후 시부모님을 모시고 살자' 혹은 '아이는
네 전담이고 너도 돈 벌어와라?' 그러면 답이 없다.

　당신은 그의 사상을 바꿀 수 없다. 분명히 말하지만 가치관은 절대로
바뀌지 않는다. 그럴 바에 처음부터 당신을 사랑해줄 수 있는, 깨어 있는
사람을 만나는 것이 당신의 심신안정에 더 좋을 것이다. 열등감이 있는
남자는 시간이 지날수록 당신을 지치게 만든다. 그들은 당신의 인생을

밑바닥으로 같이 끌어내리기 시작한다. 만약 당신이 그 사람보다 연봉이 더 높다고 가정해보자. 그는 처음에는 그런 것을 신경 쓰지 않는 척 남자다운 모습을 보인다. 어느 날 그는 본인보다 여성인 당신이 연봉이 더 높다며 침울해하는 모습을 보인다. 남자친구가 침울해하는 모습을 보이는 순간 여성은 위로해주기 시작한다. 여성들은 본능적으로 힘들어하는 사람을 보듬어주고자 하는 심리가 있기 때문이다. 이때 여성 특유의 '자기 낮춤법'이 시작된다.

"나 연봉 높은 거 별거 아냐. 오빠는 더 어려운 일을 하잖아. 대단해." 라며 자신을 낮추고 남자를 높여서 이야기한다. 이런 식의 대화가 몇 번 반복되면 어떻게 될까? 어느새 여성은 남자의 비위를 맞춰서 자신은 낮추고 남자는 치켜세워주는 행동을 반복하게 된다.

심지어 열등감이 있는 사람은 결혼 후에는 이중적인 모습을 보이는데 첫 번째는 당신이 일을 그만두게 해서 전업주부가 된 당신을 무시하는 것으로 자신의 열등감을 채운다. 두 번째는 아예 당신을 믿고 직장을 제대로 다니지 않고 한량 같은 삶을 살게 된다.

결국 둘 모두 불행한 삶을 살게 될 뿐이다. 당신이 능력 있는 여성임을 당당하게 말하고 그것을 열등감 없이 받아들이는 남자를 만나라.

나르시시스트는 일종의 정신병이다. 이들은 공감능력이 현저히 뒤떨어지고 일정부분에서는 사이코패스 기질이 존재한다. 이 경우엔 무조건 도망치는 것만이 답이다. 다시는 그 사람을 만나서는 안 된다. 여자들은 자신이 그 남자를 바꿀 수 있을 거라고 생각하지만 그것은 불가능한 일이다. 당신은 그 누구도 바꿀 수 없다. 당신이 바꿀 수 있는 것은 오직 당신 자신뿐이다.

2

약점보다
강점에 집중하라

마커스 버킹엄은 저서 『강점에 집중하라』에서 "당신을 가로막는 것은 당신의 신념, 즉 당신 자신일 가능성이 높다. 문제는 당신이 방법을 몰라서도, 아무도 도와주지 않아서도 아니다. 당신이 시도조차 하지 않았기 때문이다."라고 말한다.

당신의 강점이 무엇인지 알고 있는가? 사람들은 보통 자신의 강점보다 약점에 집착하는 경우가 많다. 인간은 항상 자신의 결핍된 부분에 집중하곤 하는데 간단한 일기를 적을 때도 좋았던 일이나 기뻤던 일보다는 자신이 해내지 못한 일들에 대해 자책하는 글을 쓰곤 한다. 그것이 자신의 의지를 확고히 하여 자기계발에 도움이 될 수도 있겠지만, 자신을 탓하는 부정적인 감정에 집중하다 보면 그것이 자기도 모르는 사이 습관화될 수 있음을 기억해야 한다. 즉 부정적인 생각이 자신의 습관으로 경직되어버리면 그것이 무의식에 고정되어 가장 변화되기 힘들기 때문이다.

나 또한 그랬다. 책장 정리를 하다가 오래전 다이어리를 발견하고 기쁜 마음에 읽어 내려가기 시작했다. 어느새 그때의 내 감정과 동화되기 시작한다. 그러나 20대의 꽃다운 나이에 행복하기만 해도 부족할 그 아름다운 시절에 나는 온통 힘든 일뿐이었다. 20여 년의 시간이 지나간 지금에 와서는 그 모든 것이 다 스쳐지나가는 일이고 인생에서 별것 아닌 일이란 걸 알게 되었지만, 그때는 세상의 중심에서 비련의 여주인공처럼 괴로워하고 있었다. 아름다운 그 청춘의 시간이 참으로 아깝다. 좀 더 행복한 일에 집중해도 좋았을 텐데 말이다. 즐겁고 기뻤던 일에 감사하며 살아왔다면 어쩌면 내 인생이 좀 더 행복해지지 않았을까 생각해본다.

인간이 자신의 능력을 최대치로 발휘할 수 있는 순간은 언제일까? 바로 자기 자신을 믿을 때이다. 자신을 믿자. 무엇을 걱정하는가? 인간은 어차피 완벽할 수 없다. 모든 것을 다 잘할 수는 없다. 심지어 대통령도 국회의원도 의사선생님도 그들만의 약점을 가지고 있다. 약점 따위에 더 이상 나의 에너지를 소비하지 말자. 우리가 해야 할 단 하나의 행동은 바로 자신의 강점에 집중하는 것이다. 10년 전 나의 일기장에 적혔던 내 약점들이 10년 후 지금 모두 고쳐졌다고 자신 있게 말할 수 있을까? 아쉽게도 여전히 약점은 나의 일부가 되어 내 안에 존재하고 있다.

당신이 생각하는 당신의 강점은 무엇인가? 우리는 모두 자신만의 강점이 있다. 거창하지 않아도 괜찮다. 소소한 부분부터 시작해서 당신의 강점을 한번 적어보자.

_____

_____

_____

_____

_____

_____

_____

_____

_____

_____

자신의 강점에 대해서 잘 적었을 거라 믿는다. 자신의 마음에 귀를 기울여보고 당신의 강점에 집중해보니 기분이 어떤가? 당신이 미처 생각지 못한 자신의 강점을 깨달아서 기분이 좋을 것이다. 강점은 평범하지만 나만이 가지고 있는 특징이다. 사실 당신은 이미 특별한 사람이다. 당신이 갖고 있는 강점은 오로지 당신만의 것이다. 남과의 비교는 무의미하다. 나의 강점은 오로지 나만의 개인적 특수성을 띄고 있으므로 애초에 타인과의 비교대상이 되지 않는다. 나 자신만이 과거의 나의 모습과 현재의 나의 모습을 비교할 수 있기 때문이다.

나의 강점이라고 얘기할 수 있는 게 무엇인가 한번 생각해보았다. 나는 첫 실행력이 좋은 편이다. 뭔가 하고 싶은 게 있다면 두려움 없이 뛰어드는 스타일이다. 실패하더라도 시작했다는 그 사실에 의의를 두는 편이다. 안 하고 후회하는 것보다 하고 후회하는 쪽을 선택한다. 이왕이면 좋은 결과를 얻기 위해 노력하면서 말이다. 덕분에 남들보다 많은 것을 보고 배울 수 있었다.

그러나 사람들은 누군가에게 조언을 할 때 당신의 약점을 고치라고 쉽게 이야기한다. 약점은 나의 발목을 잡고 성공한 인생을 살아가는데 있어 걸림돌이 된다고 말이다. 우리 솔직하게 이야기해보자. 정말 그럴까? 한때 나는 나의 약점을 고쳐보고자 많은 시간과 노력을 투자했다. 사실 나는 실행력은 좋은 반면에, 그것을 오랫동안 끌고 갈 수 있는 끈기는 부족한 편이다. 끈기를 키울 수 있는 수많은 노력을 해보았다. 매일 같은 시간에 일어나기, 쉬운 것부터 하기, 양치질하는 것처럼 일상생활 습관처럼 만들기, 21일 동안 하기, 100일 동안 하기 등. 사실 그중에서 가장 좋았던 방법은 매일 시간과 장소를 정확히 정하고 그 장소와 시간에 정해진 일을 하는 것이다. 즉, 그 시간에는 ○○을 하고, 그 장소에서는 ○○을 한다고 확고하게 정해놓았다. 그렇게 하니 그 시간과 그 장소에만 가면 습관처럼 자연스럽게 그 일을 하고 있는 나를 발견할 수 있었다.

그러나 몇 달을 잘하다가도 컨디션이 안 좋아서 하루라도 빠지는 날이 생기면 나는 어김없이 크게 실망하고 말았다. 그깟 하루 빠졌으면 내일부터 다시 시작하면 되는 건데 좌절해버린 것이다. 그게 자꾸 반복이 되니 힘들어졌다. 더 이상 나 자신을 미워하지 말고 차라리 관점을 바꿔서 나의 강점을 더욱 키워보자는 생각이 들었다. 그렇게 나의 강점에 집중하기 시작하자 신기하게도 약점에 투자되었던 시간과 에너지보다 훨씬 적은 투자 대비 효과가 나타나기 시작했다. 약점을 바꾸려고 할 때 내 에너지가 10 정도 들었다면 강점은 3~4의 에너지만 들여도 더 좋은 결과가 나타났다. 나의 강점에 집중하기 시작하자 모든 일이 쉬워졌다. 일도 효율적으로 성과도 높게 나타났다. 모든 것이 잘 풀리기 시작했다. 직장생활도 사회생활도 순조롭게 풀렸다.

도널드 클리프턴은 『강점에 올인하라』에서 이렇게 말한다.

"성공의 기회는 실패 사례를 떠올리는 데에 있지 않다.

내가 갖고 있는 강점을 찾아내어 그것을 강화시키는 데 있다.

하나의 강점을 선택하고, 강점의 상상을 즐기고, 강점의 활용을 반복한다.

탁월한 수준에 이르는 최고의 비결은 강점에 집중하는 것이다.

잘하는 일을 찾아서 그 것을 좀 더 자주하라."

내가 타고난 강점을 더욱 키우면 당신은 어디서든 유일무이한 존재가 될 수 있다.

3

세상이 정한
아름다움의 기준을 깨부숴라

"와아~, 너무 아름다워, 어떻게 저렇게 아름다울 수가 있지?"

플래시가 터지면서 그녀는 연신 카메라 세례를 받고 있다. 레드카펫이 깔린 그곳에서 눈부시게 아름다운 드레스를 입고 자신의 미모를 뽐내고 있는 그녀! 바로 21세기 대한민국에서 가장 아름다운 여성으로 뽑힌 그녀는 큰 키에 늘씬한 몸매, 찰랑거리는 긴 생머리와 오뚝한 코, 쌍꺼풀 있는 눈에 백옥같이 하얀 피부를 가진, 모든 남자의 소망이자 여자들의 워너비로 찬양받고 있다.

그러던 어느 날 그녀에게 특별한 기회가 찾아왔다. 그것은 바로 극비

리에 타임머신을 타고 원하는 시대로 시간여행을 갈 수 있게 된 것이다. 그녀는 찬란한 문화를 꽃피웠던 르네상스 시대를 선택했다. 그리고 그곳에 도착한 그녀는 그녀의 생각과는 달리 평생 단 한 번도 경험해보지 못한 세상에서 가장 박복한 추녀 대접을 받는다. 온갖 고생 끝에 만신창이가 되어서 21세기 대한민국으로 돌아온 그녀! 만인에게 미인으로 칭송받는 그녀에게 왜 이런 일이 생기게 된 것일까?

그녀가 르네상스 시대에서 박복한 추녀 대접을 받은 이유는 간단하다. 르네상스 시대의 미의 기준이 달랐기 때문이다. 중세에서 근대로 넘어가는 르네상스 시대의 아름다운 여성의 기준은 원뿔 모양으로 솟은 가슴이나 통통한 턱, 풍만한 허벅지를 가진 성숙한 여성이었다. 풍만한 몸매를 지닌 성숙미가 있는 여성이란 지금으로 비교하자면 통통함을 넘어선 통통과 뚱뚱함의 경계에 있는 몸매일 가능성이 높다. 현대 사회에서 과다 체중 혹은 비만으로 불리는 몸매, 가슴이 크고 배가 볼록하고 허벅지가 굵은 뚱뚱한 몸매가 르네상스 시대에서는 최고의 미인의 기준이었던 것이다. 당장 르네상스 시대로 타임머신을 타고 날아가고 싶다는 여러분의 마음에 공감한다. 나 또한 결코 날씬하지 않은 통통한 몸매의 소유자이기 때문이다. 르네상스 시대로 가서 멋진 신사들에게 많은 사랑을 받는 모습을 상상해본다. 연예인 부럽지 않을 것이다. 입꼬리가 슬며시 올라가는 망상은 여기까지 하고, 결국 인류 역사에서 절대적인 미인은 존재하지 않는다는 사실을 말하고자 하는 것이다. 미인의 기준은 시대에 따라 달라진다. 개개인이 가진 미의 기준은 그가 속한 사회 환경 속에서 형성되는 것이기 때문이다. 현재 존재하고 있는 일부 민족의 독특한 미인의 기준은 우리의 통념과는 크게 다르다. '접시족'으로 불리는 아프리카 무르시족은 입술을 찢고 그 속에 둥근 접시를 넣어 입술을 주걱처럼 튀어나오게 한다. 입술이 많이 튀어나올수록 미인으로 극찬받는다. 당신도 이 생각에 동의하는가?

역사적으로 미인의 기준이 없음에도 불구하고 항상 그 시대의 '미인상'은 존재하기 마련이다. 21세기에 들어서면서 높은 코, 쌍꺼풀, 건강미 넘치는 피부, 근육질의 마른 몸매 등 서구적인 특징이 반영된 또렷한 이목구비와 건강미가 느껴지는 몸매와 피부가 미인으로 인정받고 있다. 그러다 보니 피부 가꾸기와 마른 몸매를 목적으로 부단한 노력을 하는 여성들이 많아졌다. 그리고 그 미인의 기준에 적합하지 않으면 좌절하고 절망하기도 한다. 또는 시술과 성형수술로 자신의 모습을 변화시키기도 한다. 많은 돈과 아픔과 위험성을 감수하면서까지 말이다.

당신은 성형수술을 고려해본 적이 있는가? 당신이 20~30대의 미혼여성이라면 성형수술에 대해서 알아보고 발품 팔거나 혹은 직접 수술대 위에까지 올라본 경험이 있을 것이다. 아름다움을 추구하는 것은 전 세대 모든 여성이 추구하는 가치관이자 인간으로서 지니는 기본욕구이기 때문에 그것은 존중받을 만한 일이다. 자신을 가꾸고 아름답게 꾸미자는 것에 반론을 펼 사람은 없을 것이다. 그러나 그것이 여성으로서 반드시 자신을 꾸며야 한다는 사회적 억압이 되어버리면 문제가 심각해진다. 그리고 그것이 여성들을 절망의 구렁텅이로 밀어넣기 시작한다. 이른바 '외모지상주의'의 시작인 것이다.

아침에 눈을 뜬 그녀가 제일 먼저 하는 일은 체중계 위에 올라가는 것이다. 눈금이 가리키는 숫자를 바라본 그녀는 미간을 찌푸리고 한숨을 쉰다. 아침을 사과반쪽으로 해결하고 회사로 출근한다. 회사로 가는 출근길 지하철 광고판에는 성형수술로 인생이 변한 여성들의 사진이 크게 걸려 있다. 수술을 하고 나면 나도 저렇게 될 수 있을까? 그녀는 진지하게 생각해본다. 결국 열심히 돈을 모아서 성형외과 수술대 위에 누운 그녀. 마취가 깨고 나면 아름답게 변해 있을 자신의 모습을 꿈꾼다. 그리고 잠이 든다.

우리 모두가 알고 있는, 아름다움으로 향하는 일반 여성들의 진행 과정이다. 그녀는 과연 수술 후 자신이 원하는 만큼 아름다워졌을까? 우리는 수술 후 그녀가 자신감을 되찾고 행복하게 사는 것을 원한다. 나 또한 그것을 진심으로 원한다. 그러나 대중매체나 병원에서는 말하지 않는 숨겨진 진실이 존재한다. 여러분은 이 부분에 대해서 확실히 알고 나서 수술 여부를 고민해야 할 것이다. 성형수술을 하고 난 후 많은 여성들은 선택의 길에 들어서게 된다. 수술에 성공 후 만족하고 잘 살거나, 성형수술 중독으로 계속 더 많은 수술을 지향하는 사람이 되거나 수술부작용에 시달리거나, 혹은 수술 중 과다출혈로 이미 이 세상 사람이 아닐 가능성도 있다. 갑자기 무시무시한 이야기를 하고 있느냐고? 유튜버 '닥터 벤데타'의 영상을 보기를 추천한다. 성형수술대 위에서 일어나는 모든 일에 대해서 최초로 양심선언을 한 의사이다. 나는 이른바 성형수술 반대주의자는 아니다. 간단한 수술로 여성의 자존감이 올라가기만 한다면 적극적으로 추천할 마음이 있다. 그러나 단순히 외모가 변한다고 해서 여성의 자존감이 올라가는 것은 결코 아니었다.

나의 20대는 다이어트와의 끝없는 전쟁이었다. 나는 20대의 대부분을 다이어트와 함께했다. 다이어트란 다이어트는 다 섭렵했고 이름만 대도 알만한 다이어트를 모조리 다 해보았다. 한방다이어트, 양약다이어트, 원푸드 다이어트, 굶는 다이어트, 황제다이어트, 마라톤, PT, 킥복싱까지 말이다. 20대 초반에는 다이어트를 할 때 밥의 양만 조금 줄여도 살이 잘 빠졌다. 3개월에 10kg을 빼는 것은 쉬운 일이었으니까 말이다. 그러나 그렇게 살을 빼고 예전의 식이요법으로 돌아가서 한밤중에 라면을 끓여먹고 그러다 보면 어느새 요요가 온다. 그러면 또 굶고 운동하고 살 빼고 또 예전처럼 먹고 또 요요가 오고 그것을 몇 번이나 반복했는지 모른다. 그러면서 나의 기초대사량은 급격하게 떨어지기 시작했다. 결국 나는 다이어트를 하면서 나의 건강을 잃고 말았다.

도대체 세상이 정한 아름다움의 기준이 무엇이길래 우리를 이토록 괴롭히는 것일까? 그리고 그 기준은 도대체 누가 결정하는 것일까? 정형화된 미인상에 맞추기 위해서 얼마나 많은 여성들이 자신만의 고유한 아름다움을 잃어버리고 있는지 알고 있는가? 만약 이 세상의 모든 여성이 전부 '이 시대의 미인상'이라는 얼굴로 똑같이 바뀐다면 과연 어떻게 될까? 모든 여자를 아름답다고 느낄 수 있을까? 아니면 기괴하다고 생각할까? 과연 그때도 사람들이 그들의 얼굴을 '이 시대의 미인상'으로 인정할까?

지금부터 세상이 정한 아름다움의 기준을 깨부수자. 그리고 내가 바로 '이 시대의 미인상'이라고 생각하며 살아가자. 사실 이 세상은 나만의 홀로그램 속 세상이다. 내가 있기에 이 세상이 존재하는 것이다. 내가 없으면 이 세상은 존재하지 않는다. 나의 세상에서 내가 최고의 미인이 된다는 것을 반박할 사람은 없다. 기억하자. 내가 사는 이 세상에서 가장 아름다운 사람은 바로 나 자신이다. 나만 행복하면 되는 것이다. 자, 따라 해보자. "내가 바로 '이 시대의 미인상'이다!"

4

똑똑한 여자는
가슴 뛰는 삶을 포기하지 않는다

「가슴 뛰는 삶을 살아라」

— 다릴 앙카

가슴 뛰는 일을 하라.

그것이 당신이 이 세상에 온 이유이자 목적이다.

지금 당신에게 필요한 것은 그것이다.

삶은 당신이 생각하는 것보다 훨씬 단순하다.

진정으로 가슴 뛰는 일을 하고 있다면

모든 것이 당신에게 주어질 것이다.

당신은 인생을 살아가면서 가슴 뛰는 일을 경험해본 적이 있는가? 그 일에 대해서 준비를 하면서 기쁨이 생기고 자신감이 생기고 심지어 세상이 긍정적으로 환하게 보인 적이 있는가? 남들은 시큰둥한 일인데도 나는 가슴이 뛰는 일! 그것은 당신의 인생에서 시도해볼만한 일이다. 가슴이 뛰는 일은 어떤 일이든 그 길을 가는 동안 당신은 행복해할 것이다. 그 과정이 행복해야 한다. 내 인생에도 그런 경우가 있었는지 한번 생각해보자.

내 카페와 블로그에서는 2030 미혼여성들의 고민 질문이 올라온다. 그들도 나름대로의 고민들이 많다. 나 자신이 하고 싶은 일이 무엇인지 잘 모르겠고, 내가 잘 하는 일도 잘 모르겠다는 고민들이 많다. 운 좋게 하고 싶은 일을 찾았는데 사실상 어디서부터 어떻게 시작해야 할지 모르겠다고 고민한다. 우리 대한민국은 교육체제가 주입식 교육이 중점이라서 학창시절 청소년들은 자신의 미래와 꿈에 대해 생각해볼 겨를이 없었다. 오로지 성적 위주로 아이들을 줄 세우고 공부 잘하는 아이들은 우등생, 공부 못하는 아이들은 열등생으로 나누어버린다.

수많은 재능과 특성은 무시되기 마련이다. 열등생 부류에 속한 아이들 중에 천재 음악가, 천재 사업가 등이 있을 수 있으나 학창시절 내내 알아차리기 쉽지 않다. 나는 이런 교육체제를 안타깝게 생각한다.

내가 원하고 가슴 뛰는 일을 하고자 하면 우선 머릿속으로 상상을 해야 한다. 내가 그 가슴 뛰는 일을 시작했을 때 내 앞에 어떤 길들이 나타날지를 최대한 상상해보아야 한다. 자동차를 타고 길을 찾아갈 때 우리는 흔히 머릿속으로 가는 길을 미리 상상해본다. 그 길을 여러 번 생각하다 보면 어느 순간 자연스럽게 머릿속으로 떠오르고, 이제 그 길로 가는 길은 운전도 쉬워지고 시간도 단축된다. 간혹 모르는 길이 갑자기 나타나기도 한다. 공사를 하는 길이 나타날 수도 있다. 당황할 필요는 없다. 모르는 길이 나타나면 창문을 열고 지나가는 사람들에게 물어봐도 되고 공사를 하고 있는 길은 다른 길로 돌아서 가면 된다. 그것도 재미있는 경험이지 않은가! 그렇게 내가 좋아하는 그 길로 나아가는 것이다.

누구에게나 가슴 뛰는 일이 있다. 어떤 작은 일이라도 그것을 하면 그저 즐겁고 시간 가는 줄 모르는 일이 있다. 사실 우리 모두는 이미 자신이 좋아하는 일을 알고 있을 가능성이 높다. 그러나 그것이 사회적으로 돈벌이가 되지 않게 되거나 사회적 지위가 높은 직업이 아니거나 그걸로 성공할 가능성이 잘 보이지 않는다는 이유로 시작하기를 망설이는 것이다. 좋아하는 일을 하면 돈이 되지 않을까 봐 걱정한다. 인간의 의식주 또한 중요하고 한 가족을 책임지기 위해선 돈도 중요하다. 솔직하게 맞는 말이다.

처음에는 돈이 되지 않아도 괜찮다. 처음부터 돈이 될 필요는 없다. 돈 벌 생각은 하지 마라. 오히려 처음에는 돈을 써야 한다. 혹시라도 당신이 돈이 없으면 무료도서관부터 찾아가서 알아봐야 한다. 그렇게 자신이 좋아하는 것에 돈을 쓰면서도 자신이 좋아하는 것을 계속 하다 보면 어느 순간 돈을 벌 수 있는 길이 보이기 시작한다.

처음부터 성공하고 부자가 될 거라는 생각은 애초에 하지 않는 것이 좋다. 누구나 이름을 얻는 부자가 단박에 되는 것은 아니다. 설마 그 일을 시작한 지 1년도 되지 않아서 대박 성공을 꿈꾸는 것은 아니지 않는가? 그러나 젊은 여러분에겐 시간의 힘이 존재한다. 시간의 힘은 아주 크다. 당신이 좋아하는 것을 최소 3년 이상 변함없이 하고 있으면 어느 순간 서서히 사람들에게 당신이 알려지기 시작한다. 솔직히 3년이란 시간은 아직 성공자의 입장에선 너무 짧은 시간이다. 알다시피 일명 전문가라고 불리는 사람은 경력이 최소 10년~20년 사이가 많으니까 말이다. 중요한 건 자신이 하고 있는 그 일을 포기하지 않고 꾸준히 하는 것이다.

나는 학창시절부터 책 읽는 것을 좋아했다. 책에는 내가 경험해보지 못한 온갖 세상이 펼쳐졌다. 우리 집은 가난했기에 나는 많은 것을 포기하며 살 수밖에 없었는데 그런 나에게 책은 넓은 세상을 간접적으로나마 경험시켜주는 좋은 스승이 되었다. 나는 책으로 세계여행도 가고 이집트 문화도 배웠으며 구석기시대의 고인돌을 짓는 현장에도 같이 있을 수 있었다. 도서관에서 책을 읽는 시간만큼은 자유로웠고 억압된 현실과 달리 책 속의 세상에서는 많은 것을 할 수 있었다. 그렇게 책을 즐겨 읽다보니 어느덧 10,000권이 넘은 책을 읽은 것 같다. 그리고 자연스럽게 글을 쓰기 시작했다. 그러다 보니 작가가 되었다.

나 자신이 재미있는 일을 하다 보면 지루한 인생에도 꽃이 피고 새싹이 돋는다. 당신이 재미있는 일을 한 가지 선택하여 오늘부터 딱 10년만 해보자. 아직 젊은 당신이니까 10년을 계속 해봤자 당신은 겨우 40대일 것이다. 40대 그 얼마나 젊은 나이인가! 인생을 살아가면서 내가 느낀 점은 나이가 젊을수록 이것저것 가리지 말고 많은 경험을 해보라는 것이다. 공부를 해도 좋고 아르바이트를 해도 좋고 어떤 경험이라도 좋다.

법의 규범 내에서 허락하는 한 많은 경험을 쌓는 것을 추천한다. 돈을 모아서 훌쩍 여행도 가보고 사람도 많이 만나보자. 그렇게 삶에 대해 경험을 차곡차곡 쌓다보면 자신이 좋아하는 일을 찾을 수도 있고 자신의 운명의 상대를 만날 수도 있다.

나는 2030시절에 많은 경험을 해보지 못한 것이 늘 아쉽다. 항상 아르바이트와 학업을 병행하며 살아왔기 때문에 여유가 없었다. 한 번쯤 훌쩍 여행이라도 가고 싶었는데 그렇게 하지 못한 것이 많이 아쉽다. 그래서 지금이라도 할 수만 있다면 청년들에게 많은 것을 해보라고 권하고 싶다. 젊은 시절에 여러 가지 시행착오를 겪어보지 못한 사람들은 중년이 되어서도 많은 힘을 발휘하지 못한다.

이제 인생 100년이란 말은 전혀 어색하지 않다. 희망이 아니라 현실로 나타나고 있으며 심지어 이 책을 읽고 있는 여러분은 인공장기와 각종 의학기술의 발달로 실제 수명은 120살 이상이라고 전문가들은 예측하고 있다. 농담으로 하는 얘기들이 있다. "어머나, 100살이 뭐야. 나는 그렇게 오래 살고 싶지 않아." 그러나 당신이 원하든 원치 않던 우리는 이미 고령화 사회 속에서 살아가고 있음을 받아들여야 한다.

연애를 할 때만 가슴이 뛰는 것은 아니다. 우리는 연애를 할 때 가장 열정적으로 심장이 뛴다고 생각하지만 사실 그렇지도 않다. 실제로 연애 초기 단계에 있는 커플들에게는 '페닐에틸아민'이라는 호르몬이 나온다. 페닐에틸아민은 사랑을 했을 때 수치가 높아지고 이성이 마비되게 하고 흥분과 긴장 그리고 쾌감의 활성화까지 생기게 하는 자연 각성제라고 불린다. 그리고 나오는 호르몬이 '옥시토신'이다. 이는 서로 편안한 감정을 느끼게 하고 안정감과 따뜻한 기분 애착과 신뢰를 나타내는 호르몬이다. 즉 어느 정도 신뢰가 쌓인 커플들에게 나타난다. 사실 옥시토신으로 부부생활은 유지된다고 보는 것이 맞다.

만약에 당신이 어떤 한 분야를 좋아해서 시작한 일이 있는데 어느 순간 지치고 힘들어진다면 우선 그 일을 잠시 멈춰보자. 그리고 숨을 고르며 내가 지금 잠시 지친 건지, 아니면 이 일이 즐겁지 않은 건지 생각해보아야 한다. 잠시 지친 거면 쉬었다가 다시 시작하면 되고, 그게 아니라면 다른 즐거운 일을 찾으면 된다. 자신을 자책하지는 마라. 무엇을 선택하든지 당신의 생각은 옳다. 당신은 항상 옳다. 자신을 믿고 행동으로 시작해보자.

언제든지 우리는 마음만 먹으면 다시 가슴 뛰는 삶을 살 수 있다.

5

|

하이힐 대신
운동화를 신어라

"또각또각 소리를 내며 빨간 하이힐을 신고 걸어 들어오는 누군가의
발목이 화면에 잡힌다. 하이힐을 신은 발목으로부터 종아리, 허벅지를
카메라가 순서대로 쭉 훑어 올라간다. 또각또각 소리는 계속 들리고 이
제 카메라 앵글은 배꼽까지 올라갔다. 이쯤 되면 나도 이 아리따운 여성
의 얼굴이 궁금해지기 시작한다. 얼마나 아름다울까! 드디어 카메라는
얼굴을 비추는데. 헉! 남자다. 하이힐을 신은 남자다!"

— 영화 〈거꾸로 가는 남자〉의 한 장면

2018년도에 개봉한 영화 〈거꾸로 가는 남자〉는 남성 우월주의자로 살
아온 남자 다미앵이 그 주인공이다. 다미앵은 남성으로서 비교적 쉽게

얻은 권력을 유용하게 누리며 여자를 쉽게 바꾸고 말 그대로 여성을 트로피 취급하며 살아가고 있었다. 그러던 어느 날 사고를 당하게 되고 눈을 떠보니 남성우월주의사회와 모든 것이 반대로 변해버린 세상을 맞이하게 된다. 권력의 중심이 임신이 가능한 모계중심의 여성우위 사회를 맞이하게 된 것이다. 여성과 남성의 권력구조와 성역할이 모두 뒤바뀐 세상에서 그는 매우 혼란스러워한다.

이 영화는 진정한 여성우위 사회의 모습을 보여주고 있다. 여성은 짧은 머리를 고수하고 꾸미지 않으며 몸에 딱 달라붙는 옷이 아닌 편한 정장셔츠와 슈트를 입는다. 반면에 남자들은 제모와 면도를 깔끔히 하고 남성우월주의사회에서 여성들이 했던 것처럼 자신을 꾸미고 자기관리를 한다. 우리의 실제 삶과 비교했을 때 꾸밈의 주체와 평가의 주체가 완전히 바뀐 것이다. 남자가 여자를 어떻게 성적인 시선으로 바라보고, 무시하고, 엄격한 잣대를 들이대어 검열하는지 역지사지의 입장이 되어서 여성이란 인격체가 어떻게 소비되는지를 명확히 보여주고 있다.

가만히 이 영화를 보고 있노라면 처음부터 성의 개념은 존재하지 않는다는 것을 알 수 있다. 도대체 누가 어떤 기준으로 사회적 성에 대한 역할을 결정한 것일까? 여자아이는 핑크색을 좋아해야 하고 남자아이는 파란색을 좋아해야 한다는 생각은 어디서부터 비롯된 것일까? 왜 여성은 긴 머리를 고수해야 하고 남성은 짧은 머리를 고수하게 된 것일까? 사실 처음에는 아무것도 정해져 있지 않았다. 다만 권력의 중심이 남자가 되면서 여성들에게 이분법적인 규범과 규율이 주어졌다는 것을 우리는 이 영화를 통해 알 수 있다. 우리는 이제 젠더는 고정적인 개념이 아니라는 것을 알게 되었다. 절대적인 여성성과 남성성은 어디에도 존재하지 않았다.

어릴 때부터 여성성에 대한 코르셋을 한 번쯤은 다 경험해보았을 것이다. 나는 1980년대 남아선호사상이 극에 달했던 시대에 태어난 둘째딸이다. 이때는 배 속의 태아가 여자라는 이유만으로도 낙태가 성행하던 때였다. 어쩌면 나야말로 운 좋게 살아남은 것인지도 모른다. 나는 어릴 때 천방지축으로 잘 뛰어다녔는데 그럴 때마다 꼭 할머니에게 한소리씩 듣곤 했다. '여자아이가 왜 물 구덩이에 뛰어드니, 얌전하지 못하게.' '여자아이는 조신해야지.' '네가 누나가 되어서 남동생 밥상도 차려줘야지, 남자애가 밥을 어떻게 차려먹겠니.' 그때는 남동생의 밥상도 누나들 차지였다. 형제들 간에도 남녀차별이 존재했다는 이야기이다. 우리가 사회 문화의 영향으로 형성된 여성과 남성의 기질적인 행동, 역할, 특징 등을 여성성 혹은 남성성이라고 부른다. 여자라면 잘 웃고 순종하고 감성적이고 의존적이라는 특징을 보편화된 여성성으로 일반화해버린다. 남성은 또 어떠한가! 남자라면 울어서도 안 되고 리더십이 있어야 하고 독립적이고 용감하고 강하다는 인식을 사회적으로 계속 주입하고 있다. 아이는 계속 자라면서 주변으로부터 남성과 여성에 대한 고정관념을 무비판적으로 수용하면서 점차 여성성, 남성성은 선천적으로 타고난 것으로 인정하고 받아들이게 된다.

여성성과 남성성의 기준이란 것이 어디서부터 시작되었고 또 누가 그 기준을 정했는지 명확히 알 순 없다. 그러나 이 사회적 기준에 맞지 않는 다고 생각하면 비판의 대상이 되기 시작하면서부터 문제가 발생하게 된 다. 실제로 내 주변엔 자신이 여성스럽지 못하다고 생각하며 괴로워하는 20대 여성분들이 상담을 신청해온다. 그녀들의 고민은 자신이 무뚝뚝하 고 애교가 없어서 남자들에게 사랑을 받지 못한다는 것이다. 어떻게 하 면 애교를 배울 수 있느냐고도 물어본다. 이런 질문을 받을 때마다 나는 그녀들이 안타깝다. 그녀들은 사회적 기준으로 정해진 여성성에 자신이 부합되지 않는다고 생각해 자신이 사랑받지 못한다고 생각하기 때문이 다. 솔직하게 말하자면 사실 여러분은 이미 충분히 아름답다. 여러분은 있는 그대로의 모습만으로도 사랑받을 수 있는 존재이다. 사회적으로 요 구하는 여성성에 모든 것을 맞출 필요가 없다. 당신이 당신을 자책하는 순간 스스로 빛을 잃어버리는 것이다. 여성스럽다는 것이 다 무엇인가? 얌전하고 애교 많고 잘 웃는 것이 여성스럽다고? 자신이 할 수 있는 일에 맡은 바를 다하고 주변 사람들에게 신의를 지킬 줄 알고 책임질 줄 아는 사람이 여성스럽고 참된 사람이라고 생각되지는 않는가? 여성들은 스스로에 대해 자신감을 가져야만 한다. 왜 여성들만 유독 자신에게 여성성의 기준의 잣대를 더 엄격하게 적용하는 건지 안타깝다.

더불어 수많은 여성이 하이힐을 신는 이유는 무엇일까? 하이힐은 여성의 몸의 중심이 앞으로 쏠리게 하여 자연스럽게 엉덩이를 올리고 가슴을 내밀 수 있게 하여 여성의 관능미를 한층 도드라지게 만들어준다. 하이힐은 여성의 아름다운 곡선을 드러내는 데 효과적인 도움이 있다. 실제로 '여성의 구두굽이 높을수록 남성이 친절해진다'는 실험결과가 나왔다. 2015년 프랑스 브르타뉴 쉬드대 연구진은, 굽 높이가 다른 구두를 신은 여성에 대한 남자들의 반응을 조사해보았다. 단화를 신은 여성이 길거리에서 남성에게 설문조사를 요청했을 때는 남성의 46.7%만이 걸음을 멈추고 설문에 응답했다. 하지만 중간 굽(5cm)을 신은 여성에게는 63%의 응답률을, 마지막으로 하이힐(8cm)을 신은 경우에는 무려 83%나 그 자리에 멈춰서 응답을 한 것으로 나왔다. 말 그대로 하이힐은 남자를 끌어들이는 '마법의 구두'가 된 것이다.

애초에 하이힐이 여성들의 미를 위해 개발된 것이 아니라는 역사적 사실을 여러분은 잘 알고 있을 것이다. 실제로 하이힐은 남성을 위한 것이었고, 아름다움을 위한 용도라기보다는 등산화, 안전화같이 어떤 특정한 상황에서의 보행을 위한 기능적인 용도였기 때문이다. 역사적으로 남성의 권위의 상징이었던 하이힐이 현재는 여성의 전유물로 인식되고 있다는 점이 아이러니할 뿐이다.

나 또한 나의 관능미(?)를 한번 높여보고자 코르셋과 하이힐을 구매했던 적이 있었다. 대학생 때 처음으로 남자친구가 생기고 난 후였을 것이다. 코르셋을 입으면 허리가 잘록해 보일 거라는 부푼 기대감을 가지고 입었는데 워낙 꽉 조여주는 보정속옷이다 보니 숨을 제대로 쉴 수가 없었다. 음식점에 가서도 밥을 먹을 수가 없었다. 참새처럼 할딱이기만 하다가 나는 30분도 채 지나지 않아서 음식점 화장실에서 코르셋을 벗어던져버렸다. 이런 내가 하이힐을 처음 신었을 때는 과연 어땠을까? 남자친구와의 데이트 때 하이힐(9CM)을 신고 나갔다. 곡예공연을 하는 것처럼 비틀거리다가 얼마 가지 못해 결국 길바닥에 고꾸라져버렸다. 코르셋과 하이힐도 아무나 소화할 수 없다는 것을 절실히 깨달았다.

지금은 다양한 굽의 하이힐과 재질 좋은 코르셋도 많이 나와 있지만 나는 굳이 그것을 착용할 필요성을 느끼지 못한다. 나의 여성성은 이미 내 안에 존재하기 때문이다. 박스 티와 운동화를 신어도 내 안에 여성성은 존재한다. 나의 여성성은 내가 결정하는 것이기 때문이다.

6

자신에게는 혹독하게
남에게는 관대하게

미국 철강회사 'US스틸'의 초대 의장 찰스 슈왑은 말했다.

"지위 고하를 막론하고 비판받는 분위기에서보다 인정받는 분위기에서 일을 더 잘하지 않거나 더 큰 노력을 하지 않는 사람을 난 아직 한 명도 못 보았다."

사실 그렇다. 우리 모두는 누군가에게 인정받고 싶어 한다. 누군가에게 인정받는 것을 삶의 가장 큰 행복으로 여기며 살아가는 사람도 있다. 당신의 곁에 있는 단 한 사람이 당신을 인정해준다면 세상은 살아갈 만한 가치가 있는 행복한 삶이 된다. 누군가가 당신을 '인정'해준다는 것은 당신의 마음에 '공감'을 해주는 것과 같다. 내 곁의 누군가가 "힘든 상황을 잘 버텨내준 것이 대견하고, 지금 열심히 살아가는 모습이 참 보기 좋아요."라고 나에게 말해주었다고 생각해보자. 나는 그동안 내가 힘들었다는 사실을 알아준 것에 대한 고마운 마음과 지금 열심히 살고 있다는 2가지 부분을 모두 인정받았기 때문에 그 사람에게 너무 감사해서 눈물이 날 지경이다. 그렇게 그 사람은 나에게 특별한 사람으로 기억된다.

당신이 태어나서 가장 먼저 인정받을 수 있는 대상은 누구일까? 그들은 바로 당신의 부모님이다. 아기인 당신은 가만히 누워 버둥거리다가 기어 다니다가 어느 순간 아장아장 걸음마를 떼기 시작한다. 감격에 겨운 부모님은 박수를 치면서 당신이 첫걸음을 뗀 노력에 대해 인정을 해준다. 당신은 부모의 사랑을 받으며 인정받는 인격체로 자라게 된다.

두 번째 존재는 바로 당신의 배우자이다. 행복한 결혼 생활을 유지하기 위해 가장 중요한 요소는 서로에 대한 '존경심'과 상대방의 노력을 '인정'해주는 것이다. 정신없는 결혼생활을 하다 보면 각자의 거슬리는 단점들이 눈에 더욱 띄기 마련인데 이때 잘못된 부분만을 지적하고 잘한 부분을 인정해주지 않으면 결혼생활이 점점 불행으로 치닫게 된다. 서로 존중심을 가지고 칭찬의 대화만 해도 행복할 시간이 부족한 판국에 부부들은 자신에겐 관대하고 상대방에겐 매우 혹독해지기 마련이다. 나의 단점은 티끌 같아서 괜찮고 상대방의 단점은 태산 같아 보여서 도저히 용서할 수 없게 느끼는 것이다. 가장 가까운 배우자에게조차 관대해지지 못하는 사람들이지만, 아이러니하게도 그들은 자기 자신에게는 하염없이 관대해진다. 마치 그 모든 포용력과 넓은 마음은 나 자신에게만 적용되는 것 같다.

자신에게만 한없이 관대할 것만 같은 사람도 버릇처럼 자신을 부정적으로 이야기하는 것을 발견할 수 있다. 그들은 무의식중에 자신에 대해서 불만족스러워하고 자기 자신을 탓하고 있다.

'그런 말을 하지 말아야 했는데….'
'그에게 상처를 주지 않아야 했는데….'
'난 절대 좋은 사람을 만나지 못할 거야….'
'난 끈기가 부족해….'
'나 같은 건 잘해 낼 수 없을 거야….'

우리는 위와 같은 부정적인 생각과 언어들이 우리에게 강력한 영향을 미친다는 사실을 잘 알고 있다. 부정적인 언어는 우리의 생각, 행동, 태도, 심리 등에 영향을 미쳐서 삶을 더욱 좋지 않은 방향으로 이끌어가며 우리 삶을 통제하기 시작한다.

나 역시 부정적인 생각에 사로잡혀 일을 그르친 적이 있다. 나는 지레짐작으로 상대방의 마음을 내 마음대로 예측했는데, 그의 마음을 멋대로 예측하고 혼자 이별까지 하는 '북 치고 장구 치고'의 사랑을 하기도 했다. 상대방이 나에게 어떤 이야기도 하지 않았는데도 불구하고, 그에게서 연락이 조금이라도 뜸해지면 '이제 그는 내가 싫어졌구나.'라며 섣부른 판단을 내리곤 했었다. 그 사람이 생각하고 있는 것을 내가 알고 있다고 믿는 것을 '마음 읽기'라고 한다. 상대방에게 나 혼자 '마음 읽기'를 하고 있었다. 사실 그 '마음 읽기'는 나만의 착각일 수도 있었다. 그에게 진실을 물어봐야 했다. 그의 입에서 정말로 상처받는 대답이 나오더라도 확실히 그의 말을 들어야 했다. '여성의 촉'이라는 것 하나에 의지하기엔 그와 함께했던 그 시간들이 나에겐 진심이었기 때문이다.

우리나라 사람들은 유난히 '겸손'을 따진다. 외국에서는 '자신감' 있는 사람이 더 대우받는데 우리나라는 유교사상의 영향으로 아직까지도 겸손을 따지곤 한다. 그러나 나는 더 이상 여러분에게 겸손하게 살라고 말하고 싶지 않다.

도대체 누구를 위해서 겸손해야 하는가? 내가 능력이 있고 뛰어난 부분이 있다면 자신 있게 모두에게 이야기하는 것이 좋다. 회사에서는 인정받게 되고 당신의 실력을 더욱 키울 수 있기 때문이다.

사실 '겸손'이 넘치다 보면 그것은 어느 순간 '자기 비하'가 되고 '자기 자책'이 되며 '자기혐오'가 되어버린다.

겸손에 대한 예시를 살펴보자.

'저는 아직 부족합니다.'
'제가 한 건 별것 아닙니다.'
'누구나 할 수 있는 일이었어요.'
'에이, 그 정도야 다 할 수 있는 거죠 뭐.'

우리 주변에서 쉽게 들을 수 있는 말들이다. 겸손한 자의 말투를 따라 하는 척하지만 사실 이 말들은 모두 자기 비하의 말이다.

자기 비하의 예시는 다음과 같다.

"내가 하는 일이 잘될 리 있겠어?"
"내가 하는 일이 늘 그렇지 뭐, 해봤자 소용없어."
"이렇게 엉망인데, 누가 날 써주겠어?"

많은 사람들이 스스럼없이 자신을 자책하고 자기 자신에게 부정적인 말을 쏟아낸다. 이런 것들이 반복되다 보면 자연스럽게 자신에 대해 부정적인 인식이 쌓이게 된다. 그리고 자기 비하가 습관적으로 되어버리면 급기야 자기혐오에 빠져버리게 된다. 왜 스스로에게 이렇게 부정적인 이야기를 쏟아내는 것일까? 상처받는 자신의 마음은 고려하지 않은 채 도대체 누구를 위해서 겸손을 가장한 부정적인 말들을 하고 있는 것인가!

우리 더 이상 자기 자신에게 상처를 주지 말자. 세상에서 가장 소중한 존재는 바로 나 자신이다. '겸손'이라는 탈을 쓰고 자기 비하나 상처를 주는 말 따위는 이제 하지 말자. 당신의 입에서 나오는 말의 힘은 당신이 생각하는 것 이상으로 큰 위력을 가지고 있다.

당신의 아름다운 입으로 "나 잘하고 있어. 나 현명했어. 나 참 잘했어." 라는 칭찬의 말을 많이 해주자. 오늘 좋은 일이 생길 거라고 입 밖으로 꺼내는 순간 실제로 좋은 일이 나타날 가능성이 높다. 사실 별것 아닌 일이라도 기분 좋은 일로 인식할 수 있기 때문이다.

입으로 하는 말과 언어에는 영혼의 마음이 담겨 있다. 우리는 생각하는 것을 말하기도 하지만, 말하는 대로 생각하게 된다. 그러므로 자신도 모르는 사이에 말과 생각을 긍정적인 방향으로 향하게 노력하고 그렇게 긍정적인 하루가 될 수 있도록 에너지를 끌어오자.

실제로 긍정적인 말은 마법에 가까울 정도의 효과를 낸다. 성공한 사람들의 공통점은 절대로 부정적인 말을 사용하지 않는다는 것이다. 그들은 입버릇처럼 긍정적인 말만 되풀이한다. 그 또한 입을 모아 이야기한다.

"할 수 있다고 생각하면 정말 이루어진다."

성공한 사람들조차 긍정적인 말투를 사용하고 있는데 당신이 부정적인 말투를 쓰고 있는 이유는 무엇인가? 사실 우리가 성공을 목표로 하고 있다면 가장 귀 기울여야 하는 것은 우리의 부모님도 선생님도 아닌 성공한 사람들의 이야기이다.

지금부터라도 스스로 혹독하게 성공한 사람들의 말투를 따라 하자. 그러면 최소한 그들처럼 긍정적인 말투와 마인드를 가지게 될 것이다.

7

책은 현실의 문제를
해결해주지 않는다

1만 권의 책을 읽은 여자가 있다. 그녀의 책장에는 언제나 책이 빼곡히 꽂혀 있었다. 그녀는 힘든 일이 있을 때마다 세상에 불만을 토로하기보다는 도서관에 가서 조용히 책을 읽으며 마음을 달래곤 했다. 책을 읽다 보면 책 속의 수많은 이야기에 그녀 자신의 일이 별것 아닌 것처럼 느껴지기도 했고 그 문제점에 대한 해결책이 생각나기도 했다. 그녀에게 책은 인생의 등불이자 조언자 같은 존재였다.

그러던 어느 날 힘들어하던 그녀가 속절없이 무너져버렸다. 그렇게 현명했던 그녀는 왜 무너져버린 것일까? 그리고 그녀가 여태껏 읽었던 그 수백 권, 수천 권의 책 속의 조언들은 왜 그녀를 지켜주지 못한 것일까?

하루에 책 한 권을 읽는다고 치면 일 년이면 365권의 책을 읽게 된다. 1년에 365권이면 10년이면 3,650권, 매일 하루 한 권씩 30년 동안 꾸준히 읽어야만 1만 권이라는 숫자에 도달하게 된다. 하루에 한 권씩 30년의 세월이 걸려야만 1만 권의 책을 읽게 되는 것이다.

그 정도의 책을 읽은 사람이라면 지적 수준이 아주 높은 '위인'이자 한 분야를 대표하는 '전문가' 정도는 되지 않을까? 혹은 '스님'이나 '선인'으로 세상에 깨달음을 전달해주는 '도사' 정도는 되지 않을까? 그러나 위 사례의 그녀는 평범한 삶을 살아왔고 자신의 평범한 삶조차 주체적으로 이끌어가지 못한 채 무너져버리고 말았다. 그녀는 왜 무너져버린 것일까?

수많은 책을 읽고도 책 속의 지혜를 내 것으로 만들지 못하면 아무런 소용이 없다. 힘든 상황 속에 처해 있을 때 아무리 비명을 지르고 악다구니를 해도 현실은 변하지 않았다. 결국 1만 권의 책을 읽었어도 책은 현실의 문제를 해결해주지 않는다는 것을 깨달았다. 책 속에서 얻은 지혜들은 현실 앞에서 아무런 도움을 주지 못했다. 도대체 왜 그런 걸까? 책을 읽으면 삶을 살아가는 지혜가 생긴다고 다들 이야기하고 있지 않은가? 책을 읽어야 성공한다고 다들 말하고 있지 않은가? 그런데 그것이 왜 나에겐 적용되지 않은 것일까?

책을 많이 읽으면 성공한다는 그 명언, 과연 맞는 말일까?

미국 할렘가 뒷골목에서 사생아로 태어난 오프라 윈프리는 이렇게 말했다.

"독서가 내 인생을 바꿨다."

불우한 어린 시절을 보낸 그녀는 이제는 우리 모두가 알 정도로 유명해졌다. 그녀는 미국뿐만 아니라 전 세계인에게 영향력을 미치는 최고로 성공한 여성이다. 그녀는 항상 독서가 그녀의 인생을 성공으로 이끌었다고 말한다. 전 세계의 많은 성공한 사람들은 본인의 성공비결 중 첫 번째로 독서를 꼽는다. 정말로 독서만 하면 성공한다는 것이 맞는 말일까? 이상하다. 의문점이 생긴다. 그렇다면 초등학교 때부터 독서광이라고 불리던 내 친구는 왜 아직도 계약직 일을 전전하고 있는 것일까? 나 또한 독서의 중요성을 깨닫고 수백 권의 책을 읽었지만 부자의 삶과는 여전히 거리가 먼 삶을 살고 있다. 대체 왜 우리는 오프라 윈프리처럼 성공하지 못하는 것일까?

여기서 우리는 중요한 한 가지 사실을 간과하고 있다. 우리가 '단순히 책을 읽고 감동하는 것'만으로는 인생에 아무런 변화도 일어나지 않는다.

방 한구석에서 100일 동안 책만 읽는다고 해서 당신이 갑자기 현인이 되는 것은 아니다. 독서를 통해 내 인생이 변화되고 더 나은 삶으로 발전할 수 있는 방법은 따로 있다. 당신이 지금껏 수많은 책을 읽었음에도 당신의 삶이 변하지 않았던 이유는 단 한 가지뿐이다. 그것은 바로 그 책들을 읽은 후 책의 내용 중 공감되고 깨달은 부분을 '내 삶'에 적용하지 않았기 때문이다. 즉, 우리는 책을 읽은 후 그것을 나의 삶과 결부시켜야만 한다. 그것만이 나의 현실을 바꿀 수 있는 유일한 방법이다.

당신이 오늘 『아침형 인간』이라는 책을 읽었다고 가정해보자. 당신은 책을 읽고 깊은 감명을 받았다. 당장 내일부터 100일 동안 아침 6시에 일어나서 하루를 시작하자고 결심한다. 당신의 삶에 성공의 법칙을 직접 대입시켜보는 것이다. 비로소 당신의 인생에 변화가 일어나기 시작한다. 100일 동안 아침 6시에 일어나서 책을 읽거나 글을 쓰거나 신문을 읽었다. 당신은 충분히 만족스럽고 100일 동안 6시에 일어나면서 그것을 당신의 습관으로 만들어버렸다.

작가가 되고 싶은 당신이 있다. 당신은 김도사님의 『100억 부자 생각의 비밀 필사 노트』를 읽고 매일 한 장씩 필사를 하기로 결심한다. 그리고 본인의 원고를 하루에 한장씩 쓰겠다고 결심한다. 결과적으로 당신은 100일 후에 100장의 원고를 써내고야 말았다. 김도사님의 책을 필사하며 결국 원고 100장을 쓴 당신은 이제 충분히 작가가 될 수 있는 역량이 생겼다. 성공의 법칙과 습관을 자신의 일상생활에 적용시키고 나면 비로소 우리의 삶이 바뀌기 시작한다. 이것이 책으로 당신의 삶을 성공으로 바꿀 수 있는 유일한 방법이다.

우리가 책을 읽고 깊은 감명을 받아도 그 감정은 순간일 뿐이라는 것을 우리는 이미 알고 있다. 책 속의 성공법과 지식들은 당신이 온몸으로 습득해야만 완전히 당신의 것이 된다. 성공습관을 배웠다면 습관을 그대로 따라 해봐야 한다. 삶의 지혜를 배웠다면 다른 이들에게 그 지혜를 말해줘야 한다. 지혜를 누군가에게 이야기하면서 당신의 머릿속에서 한 번 더 각인시켜준다.

『호감 가는 말투』라는 책을 읽었다면 그 말투를 현실에서 사용해봐야 한다. 그래야 그것이 습관으로 체득되기 시작한다. 결국 책을 읽고 난 후 책 속의 좋은 지식과 습관들을 온전히 당신의 것으로 습득하게 된다면 당신의 삶은 변하기 시작한다.

나는 내가 무너진 이유를 뒤늦게 깨달을 수 있었다. 책의 내용을 머릿속에 집어넣을 줄만 알았고 책 속의 지혜를 나의 현실에 적용시킬 방법은 알지 못했다. 그 지식들이 내 머릿속에 들어가면 그것이 나의 능력이 된다고 막연히 생각했다. 그러나 시간이 지날수록 책에서 얻은 교훈이나 삶의 지혜들은 내 머릿속에서 잊혀져갔다. 시간의 망각이란 그런 것이다. 결국 내 안의 모든 지식과 경험을 나의 삶에 적용시켜야만 그것들이 진정한 나의 것이 된다는 사실을 깨달았다. 그리고 작가가 된 지금은 글을 쓰면서 내 안에 있는 경험과 축적된 지식들을 밖으로 끄집어내는 것이 가능해졌다.

돌이켜 생각해보면 나는 내 삶에서 일어난 문제들을 정면으로 바라보기 두려웠던 건지도 모른다. 현실을 회피하기 위해 책 속의 세상으로 도망치기도 했다. 현실을 부정하면 잠시나마 마음이 안정되었기 때문이다. 그러나 여전히 그 문제점들은 해결되지 않은 채 그대로 존재하였고 결국 또 현실 앞에 나타나곤 했다. 그 반복되는 불행의 일상들이 무척이나 괴로웠다. 결국 내 속의 두려움을 스스로 받아들일 수밖에 없었다.

브라운 트레이스는 "개구리를 먼저 먹어라."라고 말했다.

'개구리'는 나의 오늘 하루 중 가장 하기 싫은 일과 두려운 일을 뜻한다. 두렵지만 극복해야만 하는 바로 그 일, 지금 내 인생에서 가장 중요한 그 일을 개구리를 먹어 치우듯이 지금 해치우라고 조언하는 것이다.

하기 싫지만 해야만 하는 일들이 있다. 두렵지만 극복해야만 하는 일이 있다. 어렵지만 꼭 해야만 하는 공부가 있다. 두려워하지 말고 용기를 내서 나만의 '개구리'를 먼저 먹어야 한다. 하루가 시작되면 낮 12시가 되기 전에 가장 크고 못생기고 징그러운, 즉 심적으로 가장 힘들고 두려운 그 개구리를 먼저 먹어버리자. 그 후엔 모든 것이 수월해질 것이다.

당신의 '개구리'를 먹어 치우는 그 순간부터 세상은 당신 앞에 길을 열어줄 것이다.

8

두려움은 작게,
희망은 크게 가져라

영국의 농학자이자 통계학자 로널드 피셔는 말했다.

"두려움은 작게, 희망은 크게! 음식은 적게, 씹기는 많이! 울음소리는
작게, 호흡은 크게, 소리는 작게, 해야 할 일은 많이! 미움은 적게, 사랑
은 많이! 그러면 모든 좋은 것은 그대의 것이다."

당신이 인생에 대해서 느끼는 두려움에 대한 감정을 나는 잘 알고 있
다. 인생은 태어난 순간부터 죽음에 이르기까지 두려움의 연속이기 때문
이다. 두려움에 대한 감정은 언제 어느 때고 나타나 내 몸을 감싸버리곤
한다. 갓 태어난 신생아에게도 말이다. 갓 태어난 아이는 엄마의 보살핌

을 받지 못하면 이내 죽어버리고 만다. 두려움은 아이에게도 청소년에게도 심지어 어른이 되어서도 누구에게나 마음 속 깊이 존재하고 있다.

두려움은 인생의 고비마다 내 앞에 모습을 드러낸다. 학창시절에는 성적에 대한 두려움과 진학에 대한 괴로움을 가진다. 내가 과연 대학을 갈 수 있을까? 원하는 대학교에 갈수 있을까? 그리고 대학생이 되면 취업에 대한 두려움이 생긴다. 내가 과연 원하는 직장에 취업할 수 있을까? 취업을 못하면 어떡하지? 막상 직장인이 되어도 여전히 두려움은 존재한다. 이 길이 내 길이 맞을까? 난 이곳에서 얼마나 일할 수 있을까? 다른 길을 찾아봐야 되지 않을까? 이 직장이 내 적성에 맞을까? 결혼적령기의 미혼 남녀도 고민이 많다. 내가 과연 결혼을 잘할 수 있을까? 나는 그냥 독신으로 살아야 하지 않을까? 그 사람과 내가 결혼해서 잘 살 수 있을까? 등….

인생의 한 단락을 넘길 때마다 미래에 대한 알 수 없는 두려움과 불안감은 매번 나를 엄습해온다. 누군가 나에게 미래를 미리 알려준다면 좋을 것 같다. 그러면 나는 고민하지 않고 주어진 운명에 맞춰서 살아갈 수 있을 테니까 말이다. 그러나 만약에 내가 내일 당장 교통사고가 난다는 것을 미리 알게 된다면 그것 또한 끔찍할 것이다. 어쩌면 내가 사랑하는 부모님이 몇 월, 며칠, 몇 시에 정확히 돌아가신다는 걸 알게 된다면 그

것 또한 지옥과 다름없을 것이다. 이처럼 변덕스러운 인간에게 신이 미래를 미리 알려주지 않은 것을 다행으로 여겨야 할 것 같다.

내 인생에서 가장 두려움을 느꼈던 순간들을 한번 떠올려보자. 그 순간들을 까맣게 잊고 있었던 사람도 있을 것이고 그 순간이 트라우마가 되어 평생 곁에 머물러 있는 사람들도 있을 것이다. 두려움이 자신의 트라우마가 되어버리면 무의식에 각인되고 그 이후의 삶은 무척 괴로워진다. 왜냐하면 트라우마가 된 기억들은 나를 모든 방면에서 옭아매기 때문이다.

나는 트라우마라고 말할 수는 없지만, 나이 30살이 될 때까지도 누군가에게 버림받는 것을 극도로 두려워했다. 나에게 버림받는다는 뜻은 더 이상 사랑받지 못한다는 것을 의미했다. 나는 내가 사랑하는 사람들에게 버림받을까 봐 두려워했다. 그래서 더 밝은 척, 즐거운 척, 행복한 척을 했다. 그 상대는 나의 친구가 될 수도 있었고 연인이 될 수도 있었다.

학창 시절 무척 좋아했던 동성친구가 있었다. 그녀는 내가 닮고 싶은 모습의 긴 생머리에 연약하고 가냘픈 손목과 여성스러운 말투를 지닌 친구였다. 그에 비해 나는 운동을 해서 힘이 좋았고 터프한 면이 다분히 있는 여학생이었다. 그녀의 여성스러운 모습이 나는 좋았고 그녀는 내가 무례하게 굴 때도 살포시 웃어주기만 할 뿐이었다. 학창시절에도 나는 여전히 밝은 척, 명랑한 척을 하고 있었다. 사실 내 삶은 그렇게 즐겁지 않았는데 말이다. 졸업식을 앞둔 어느 날 그녀가 조용히 내 곁에 와서 무언가를 이야기해주었다. 그녀의 말투대로 조곤조곤 그러나 진심으로 걱정되는 말투로 나에게 이렇게 말해주었다.

"너무 힘들게 자신을 꾸며내려고 하지 마. 억지로 자신을 꾸며내려고 하면 너만 힘들어져. 괜찮아. 있는 그대로 자연스럽게 살아도 괜찮아."

밝은 척 행복한 척 항상 나 자신을 연기했던 나, 그래서 나 자신의 진짜 모습이 어떤 모습인지조차도 알지 못했던 그때의 내 모습. 그녀가 그런 나의 모습을 어떻게 알게 되었는지는 모르겠다. 교실에서 남몰래 지쳐 있는 내 모습을 본 걸까? 아니면 슬픈 눈을 하고 있는 나를 본 걸까? 다만 그날 그녀의 진심 어린 조언을 듣고 집에 돌아와 한참을 울었던 기억이 난다.

혹시 당신도 사랑받지 못할까 봐, 버림받을까 봐 두려워하고 있지는 않은가? 성인이 된 우리의 가슴속에는 '내면아이'가 존재한다. 어릴 때 겪은 상처의 아픔들이 이미 성인이 된 후에도 각 개인의 내면에 과거의 유아기 모습으로 남아 있는 것이다. 어린 시절에 경험한 기억들은 무의식 속에 당신의 현재의 삶과 행동에 계속 영향을 미치게 된다. 즉 어릴 때 어린아이의 감정을 다 받아주지 못하면 어린아이의 감정이 억압된 채 자라고 상처받은 그 아이는 성인이 된 후에도 계속해서 내면에 남아 있게 된다. 실로 가슴 아픈 일이다. 몸은 어른이 되었지만 마음은 영원히 상처받은 아이가 내면에 함께 존재하는 것이다.

6살 아이를 키우고 있는 나로서는 항상 조심스럽다. 혹시라도 내가 아이의 이야기를 제대로 듣고 있지 못할까 봐, 아이가 나 때문에 상처를 받고 있는 건 아닐까 두렵다. 내 아이도 나처럼 사랑받고 싶어서 힘겹게 노력하고 있는 건 아닌지 걱정이 된다.

결국 내가 아이를 더 많이 안아주고 사랑한다고 말해주고 계속 표현해주는 방법 밖에는 없다. 엄마의 역할이란 그런 것이다. 그 어떤 경우에도 자식을 믿어주는 것, 그리고 아이를 있는 그대로 인정해주는 것, 그리고 아이가 성인이 되면 뒤에서 조용히 응원해주는 것, 그것이 진정한 엄마의 역할이란 것을 이제 나는 알고 있다.

지금부터 재미있는 상상을 한번 해보자. 이 글을 읽는 현재 여러분은 무엇을 하고 있는가? 출근길 지하철 안에서 이 책을 읽고 있는가? 아니면 교보문고 성공에세이 부스에서 이 책을 읽고 있는가? 친구를 기다리면서 잠깐 짬이 나서 서점에 들어왔는가? 혹은 직장을 그만두고 자기계발로 독서를 하고 있는 중인가? 어떤 상황이든지 괜찮다. 지금 고개를 들어서 당신의 눈앞에 보이는 풍경을 한번 바라보자. 오늘의 날씨와 분위기와 그곳의 공기 냄새를 맡아보자. 집에 있다면 당신이 지금 서 있는 그곳에서부터 안방과 거실을 한번 쭉 둘러보자. 그리고 당신의 눈앞에서 천진난만하게 놀고 있는 아이의 뒷모습을 한번 바라보자.

지금부터 당신은 시간 이동을 하게 된다. 당신이 지금 바라보고 있는 그 풍경은 이제 과거의 모습이 된다. 즉 당신이 보고 있는 그 풍경은 10년 전 당신의 과거의 모습이다.

당신은 10년 후 미래의 세상에서 타임머신을 타고 왔다. 지금 서점에서 책을 읽고 있는 당신 옆에 10년 후 미래의 당신이 서 있다. 거실에서 책을 읽고 있는 당신 옆에, 장난감을 갖고 놀고 있는 지금 내 아이의 옆에 10년 후 미래에서 온 당신이 서 있다. 당신 옆에서 당신을 지그시 바라보고 있다. 10년 후 미래의 당신이 현재의 당신에게 딱 한마디 조언을 해줄 수 있다면 당신은 어떤 말을 해주고 싶은가? 깊게 생각해보자.

10년 후 내가 지금의 나 자신을 만난다면 나는 이렇게 말해 주고 싶다. "네 탓이 아니야. 더 이상 자신을 자책하지 마. 너의 그 아픈 경험들은 많은 사람들을 공감하게 하고 또한 그들은 너를 통해서 치유를 받게 돼.

그러니까 매일 밤 울며 잠들지 않아도 괜찮아. 네 탓이 아니었단다. 너는

충분히 사랑받는 존재야. 너를 있는 그대로 사랑해주는 사람을 곧 만나

게 될 거야. 너는 5년 안에 세상에 아낌없이 사랑을 나누어주는 선한 영

향력을 주는 사람이 된단다."

4장 —————————

인생을 바꾸는
여자들의 **자기 경영 기술**

1

홀로 있을 때
더 아름다운 여자가 되어라

"나야, 휴무 언제야? 날짜 맞춰서 얼굴 한번 보자."

"나 오늘 휴무였는데, 한 달 뒤로 날짜 한번 맞춰 볼까?"

"오늘 휴무였다고?? 진작 말하지. 오늘 하루 종일 뭐했어?"

"응, 아침에 사우나 다녀와서 혼자 조조영화 보고 서점 가서 책 좀 읽었어. 읽고 싶은 책이 있었거든. 저녁은 연어샐러드에 치즈 뿌려서 먹었어. 다음에 레시피 가르쳐줄게."

"…뭐야. 넌 어쩜 혼자서도 그렇게 잘 노냐?"

여고 동창 친구와의 통화 내용이다. 친구는 매번 혼자서도 잘 돌아다니는 나를 보며 신기해했다. 그녀는 40살이 다 되어가는 나이임에도 혼자 뭔가를 하는 것에 익숙하지 않다고 했다. 20대 때는 동성 친구들이 있어 같이 즐거운 시간을 보냈고 남자친구가 생긴 후에는 남자친구와 많은 시간을 함께 보냈다고 했다. 가족이 생긴 후로는 항상 가족과 함께였기에 그녀는 혼자 있는 시간이 좀체 없었다고 투덜대듯이 나에게 이야기했다. 그러나 그녀는 자신은 이미 사람들과 어울리며 사는 삶에 익숙해졌기 때문에 함께하는 지금 이 순간들이 행복하다고 말했다. 듣고 보니 그녀의 말도 옳았다. 자신의 곁에서 언제나 귀기울여주는 사람이 있는데 굳이 혼자만의 시간을 찾아서 헤맬 필요는 없을 테니까 말이다.

나는 혼자가 익숙해져버린 여자이다. 나에게는 혼자만의 시간이 필요하다. 힘든 일이 있을 때 나는 혼자가 되길 자처한다. 내 방에서 조용히 책을 읽거나 휴식을 취한다. 혼자 온전히 시간을 보내는 것이 나의 스트레스 해소법이란 걸 알게 된 후론, 더욱 혼자만의 시간을 선호하게 되었다. 당신도 자신만의 스트레스 해소법을 알아야 한다. 우리는 각자의 성향에 따라 재충전의 방식이 다르다. 그것은 본인만이 알 수 있다.

친구를 만나서 수다를 떨면서 스트레스를 해소하는 사람들이 있다. 많은 사람들이 있는 모임에 나가서 그 사람들에게 에너지를 받아 온다는 사람들이 있다. 영화를 보면서 힐링하는 사람들이 있다. 모두 각자 자신에게 맞는 재충전의 방법을 찾으면 당신이 지칠 때마다 빠른 회복을 하는데 도움을 받을 수 있다.

혼자만의 시간은 나에게 무척이나 소중하다. 나는 나 자신과 데이트를 한다는 생각으로 나와 즐거운 시간을 보내곤 한다. 영화가 보고 싶으면 언제든지 영화를 보러 간다. 서점에서 책을 읽다가 지겨워지면 훌쩍 혼자 바람을 쐬러 떠난다. 자기 자신과의 시간을 즐겁게 보낼 수 있는 사람은 다른 누군가와 함께해도 그 사람과의 시간을 소중히 여길 줄 안다. 그리고 그 사람 때문에 괴로워할 가능성은 줄어든다. 왜냐하면 기본적으로 '혼자인 삶의 외로움'을 잘 알고 있기 때문에 상대방에게 많은 것을 기대하지 않기 때문이다.

그러나 나에게도 그런 날이 있다. 온몸이 외로움으로 사무치는 그런 날. 어두운 세상에 나 혼자 버려져 있는 것 같은 기분이 드는 날. 낭떠러지 앞에서 곧 떨어질 것 같이 위태롭게 서 있는 듯한 기분이 드는 날. 길을 걸어가는 사람들 중 아무나 붙잡고 '나 여기 있어요!' 큰 소리로 외치며 나의 존재를 확인받고 싶은 날 말이다. 그런 날은 예고도 없이 갑자기 찾아와서 나를 불행의 기운으로 휘감아버린다. 벗어나려고 발버둥치면 칠수록 점점 깊은 늪에 빠져버린다. 그럴 때는 2가지 방법으로 그 기분을 벗어나야 한다.

첫 번째, 혼자 처절하게 외로워하는 나를 가만히 바라보며 아이를 달래주는 것처럼 토닥토닥해준다. '지금 많이 힘들지, 그래도 잘 버티고 있어. 잘하고 있어.'라며 아파하는 나 자신을 꼭 안아준다. 그렇게 1시간이고 2시간이고 스스로를 위로해준다.

두 번째, 차라리 밖으로 나가서 불행의 기운에서 벗어난다. 집에 있으면 더욱 무기력해지기도 한다. 불행의 기운에 온몸이 잠식되어버리면 그 기운을 떨쳐버리기 쉽지 않기 때문이다. 그럴 때는 자신이 좋아하는 카페를 간다거나 자신이 평소 갖고 싶었던 것을 사서 자기 자신에게 선물로 주는 것도 좋다. 어떻게 해서든지 바깥으로 나가서 불행의 기운에서 벗어나고자 노력하는 것이 좋다.

사실 여자란 존재는 혼자 있을 때 더욱 아름다워야 한다. 혼자 있는 시간은 당신을 내적 · 외적으로 아름답게 만들 수 있는 절호의 시간이기 때문이다. 당신이 주말에 홀로 책을 읽으며 내적 아름다움을 쌓고 있으면서 그와 동시에 얼굴에 콜라겐 마스크 한 장을 올려놓으면 내적 · 외적 아름다움을 동시에 쌓고 있는 아름다운 모습이 연출되는 것이다. 당신을 아름답게 만드는 방법은 실로 간단하지 않은가!

20대의 나는 남자친구가 없는 주말이 무척이나 심심했다. 아르바이트를 하지 않는 주말에 친구들을 만나고 싶어도 그녀들은 전부 남자친구와 데이트가 있다고 했다. 아직 혼자 돌아다니는 것이 익숙하지 않았던 20

대의 나는 넘치는 시간을 어떻게 써야 할지 알수 없었다. 그러던 중에 한 친구에게서 전화가 왔다. 분명히 남친과 데이트가 있다고 했는데 그녀는 중대한 일(?)이 있어서 데이트를 취소했다고 했다. 이유인즉슨 머릿결이 상해서 헤어숍에 가야 하고, 가는 김에 네일숍도 들러서 깔끔하게 손톱, 발톱을 정리해야 한다는 것이었다. 아니, 고작 그런 이유로 남자친구와의 데이트를 취소했다고? 놀라는 나에게 그녀는 아무렇지도 않은 듯 "나 자신부터 가꾸는 것이 최우선이야."라고 말했다. 이 얼마나 멋진 말인가! 머릿결과 손톱, 발톱이 엉망인 상태로 남자친구를 만날 바에 나 자신부터 아름다워지겠다는 그녀가 아주 멋져 보였다.

아름다운 그대여! 20대든 60대든 여자는 나이가 들어도 여전히 아름다워야 한다. 아름다움을 유지하는 것은 다른 누구를 위해서가 아니다. 바로 나 자신의 만족감을 위해서이다. 누군가에게 외모로 사랑받는 건 유효기간이 있다는 것을 우리는 이미 잘 알고 있기 때문이다. 그렇다고 당신에게 연예인처럼 몇백만 원짜리 피부관리숍에 등록하거나 큰돈을 들여 무리한 성형수술을 하라는 것이 아니다. 요즘은 큰돈을 들이지 않고도 자신을 가꿀 수 있는 방법들이 정보의 홍수 속에서 쏟아져 나오고 있기 때문이다. 식이요법으로 내 몸을 건강하게 만들고, 책으로 내적 아름다움을 쌓아가며, 올바른 자세와 깔끔한 옷차림으로 우아한 말투를 쓰는 외적인 아름다움까지 우리는 지금 바로 시작할 수 있다.

나는 아이를 출산한 후 나 자신을 거의 꾸미지 못했다. 아이를 키우느라 바쁘다는 그 이유 하나만으로 말이다. 나의 긴 머리는 항상 고무줄로 질끈 묶여 있었다. 출산 후 찐 살로 기존의 옷은 사이즈가 맞지 않아 집에서는 넉넉한 추리닝을 교복처럼 입고 있었다. 어느 날 아이를 낳고 일 년이 지났을 때 쯤 무심코 아이 사진을 꺼내어서 보던 나는 깜짝 놀라고 말았다. 아이 옆에서 차마 눈 뜨고 볼 수 없는 촌스러운 스타일의 옷을 입고 있는 내 모습이 사진에 찍혀 있는 것이었다. 늘어난 티셔츠를 입고 있는 것은 물론, 여름에는 몸빼 바지와 겨울에는 할머니들이 입는, 따뜻하기 그지없는 형형색색의 기모 담바지 등을 입고 아이와 천진난만하게 웃고 있는 모습이 고스란히 사진 속에 있었다. 어쩌면 남편과 나의 사이가 나빠진 것도 내가 집에서 나 자신을 꾸미지 않고 방치해버린 탓도 있음을 눈물을 머금고 인정할 수밖에 없었다.

그 충격적인 사진 사건(?)이후로 나는 자신을 꾸미고 스스로에게 아름답다고 말해주기 시작했다. 사실 그 누구보다 나를 더 많이 사랑해주고 아껴줘야 했다. 나에게 그것은 항상 어려운 일이었다. 나의 이상 속 모습과 현실 속 나의 모습은 항상 간극이 있었기 때문이다. 나는 있는 그대로의 내 모습을 오랫동안 사랑해주지 못했다. 마냥 부족하다고 생각했기 때문이다. 그러나 지금은 있는 그대로의 내 모습을 사랑해주기 시작했다. 아름다운 나 자신과 데이트를 시작하자!

2

|

경제적 자립을 위해
돈에 대한 시각을 바꿔라

솔직하게 말해보자. 나는 부자가 되고 싶다. 당신도 부자가 되고 싶다. 당신은 넓은 집에서 한번 살아보고 싶고 좋은 외제차도 타보고 싶다. 명품가방도 종류별로 10개 정도 있었으면 좋겠고 맛있는 것도 가격에 상관없이 실컷 먹어보고 싶다. 하늘에서 갑자기 큰돈이 내 앞에 뚝 떨어졌으면 좋겠다. 엄청난 부자가 되면 모든 것을 다 할 수 있겠지. 평생 돈에 얽매이지 않고 먹고 싶은 것, 하고 싶은 것, 사고 싶은 것을 다 할 수 있을 것이다. 생각만 해도 기분이 좋다. 부자가 되고 싶다는 생각을 매일 하고 주말마다 로또를 사서 기대해보지만 어쩐지 현실은 녹록지 않다. 금수저로 태어났으면 좋으련만 이미 태어난 부모님을 바꿀 수도 없다. 나는 과연 어떻게 해야 할까?

오늘도 방송에서는 인간의 소비를 부추기는 광고를 연이어 보여준다. 브랜드 아파트의 CF부터 잘생긴 남자 연예인이 멋있게 차를 끌고 나와서 보여주는 신차 광고와 '요즘 엄마들은 아이에게 이런 유기농 음식을 먹여요.'라며 고급스럽게 포장하여 보여주는 아이용품 광고까지! 게다가 돈을 많이 쓰는 것이 미덕이라는 'Flex'의 개념도 트렌드가 되고 있는 실정이니 역시 돈이란 많이 벌고 많이 써야 제 맛이지 않을까 라는 생각도 든다.

우리 부모님 세대는 그들의 노후보다 자식들의 성공을 위해 자녀공부에 모든 것을 쏟아 부어야만 하는 시절이었다. 대한민국이 경제성장국일 땐 공부만 열심히 하면 손쉽게 계층이동이 가능했다. 기본적인 문제집과 독학만으로도 계층이동이 가능했다. 그러나 지금은 어떤가? 공부만으로 성공할 수 있는 직업은 점점 줄어들고 있다. 로스쿨, 의과대는 한해 등록금만 해도 어마어마하다. 또한 공부를 잘하기 위해서는 사교육이 필수다. 공교육에서는 절대 알지 못하는 은밀한 정보들이 사교육 세상에서 소수의 사람들끼리만 거래된다. 결정적으로 우리는 이미 강남학군에서 서울대 진학률이 가장 높다는 것을 잘 알고 있지 않은가!

자본주의 국가에서 돈은 매우 중요하다. 물질적인 부분이 중요하지 않다고 선인들은 말하지만 사실 먹고살기 위해서라면 어느 정도의 돈은 반드시 필요하다. 돈 때문에 사람들은 괴로워하고 비난하고 좌절하고 심지어 스스로 목숨을 끊어버리기도 한다. 우리 모두 2014년에 발생한 '송파세 모녀 자살사건'을 기억하고 있을 것이다. 생활고에 시달리다가 엄마와 딸들까지 총 3명이 번개탄을 피우고 자살한 사건이다. 그녀들이 꼼꼼이 적어 놓은 가계부를 보다가 나는 그만 울컥 하고 말았다. 자살하기 전날 밤 그녀들은 족발 소(小)자를 마지막 만찬으로 먹었던 것이다. 3명이 먹는데 얼마나 대(大)자로 배부르게 먹고 싶었을까…. 그녀들은 집주인에게 마지막 월세를 남겨두고는 세상과 이별하였다.

우리는 돈이 많아졌으면 좋겠다. 하루빨리 부자가 되어 행복하게 살고 싶다. 부자가 된다고 해서 반드시 행복해지리라는 법은 없지만 부자가 되면 행복해질 수 있는 기회가 많아진다. 최소한 삶의 생존권까지 위협받지는 않으니까 말이다. 돈이 많으면 선택의 폭이 넓어진다. 가난한 삶에서는 포기해야 할 것들이 많아진다는 것을 우리는 잘 알고 있다. 포기하는 것이 줄어드는 삶을 원한다. 하고 싶은 것을 할 수 있는 경제적 능력을 갖기를 원한다. 당신이 여성이라면 당신은 반드시 경제적으로 자립해야만 한다.

"나는 결혼 전에 여행도 가보고 해보고 싶은 것 다 해볼 거야. 어차피 결혼하고 나면 아이 낳고 육아하면서 내 삶이 없어질 수도 있는데 지금 자유인일 때 할 수 있는 건 다 해봐야지. 결혼 후에는 남편 월급으로 알뜰살뜰 살림도 잘 꾸려나가면 되니까."

아직도 이런 망상 따위를 하고 있다면 지금 당장 그 생각을 머릿속에서 지워버려야 한다. 여전히 현실을 제대로 바라보고 있지 못하고 있는 2030 미혼 여성들이여! 솔직하게 말하자면 결혼과 동시에 여성의 삶은 많은 것이 바뀌어버린다. 당신은 결혼 후에도 남편과 주말 브런치를 즐기며 행복하게 알콩달콩 살아가는 미래를 꿈꾸고 있을 것이다. 미래의 예비 시부모님은 며느리인 당신을 존중하고 배려하며 마치 친딸처럼 대해 주실 거라 믿어 의심치 않는다. 평등한 결혼생활을 소꿉놀이처럼 하며 살아갈 수 있을 거라고 생각한다. 물론 나도 당신이 그렇게 살아가기를 진심으로 바란다. 그러나 당신이 여성이고 이 대한민국에서 한 남자의 아내로, 며느리로 남은 인생을 계속 살아갈 생각이라면 여러분은 기억해야 한다. 여자에게 '돈은 권력'이라는 사실을 말이다.

혹시 일어날 수 있는 암울한 미래의 상황을 한번 상상해보자. 오늘 당신은 해고되었다. 당신만을 사랑한다고 맹세하던 남편은 새로운 사랑을 찾았다며 당신을 내팽개처버렸다(그럴 일은 없겠지만). 평생의 사랑을 약속했던 그 사람이 지금 내 눈앞에서 분주한 뒷모습으로 그의 짐을 싸고 있다. 그는 뒤도 돌아보지 않고 나가버렸다. 당신은 그의 뒤통수에 대고 고래고래 소리를 질러보지만 이미 문은 닫혀버린 뒤였다.

자. 지금부터 당신이 해야 할 일은 과연 무엇일까? 우선 남편 따라 집을 나가기 직전의 당신의 멘탈부터 부여잡는다. 그리고 당신의 지갑과 통장을 열어서 당신이 현재 보유하고 있는 현금의 액수를 파악하기 시작한다. 혼자서 몇 달 동안 살아갈 수 있을지를 미리 계산해보는 것이다. 실제로 이혼을 원하는 많은 기혼 여성들이 오랜 경력단절로 인해 경제적 능력이 없어서 울며 겨자 먹기로 불행한 결혼생활을 계속 유지하고 있는 경우가 많다. 단순히 상상이라고 하기엔 현실에서는 이보다 더한 일들이 일어나기도 한다. 사실 드라마 〈사랑과 전쟁〉은 동화책에 가깝다.

여성이 알아야만 하는 인생과 돈의 법칙

- 직장 다닐 수 있는 한 최대한 오래 다녀라.
- 당신 주머니에 돈이 없으면 당신의 자존감도 없다.
- 전업주부라면, 남편은 정말 당신이 집에서 노는 걸로 안다.
- 반드시 비자금은 챙겨라.(남편 모르게)
- 당신 명의로 된 집 하나 정도는 마련해라.(50% 이상 대출이라도 괜찮다.)
- 아이를 키우면서 당신을 위해 커피 한잔 마실 시간은 마련하라

– 불안하다면 차라리 친정에 돈을 맡겨라

– 혼자서도 먹고살 수 있는 능력을 키워라

– 하다못해 설거지라도 잘하면 당장 취업전선에 뛰어들 수 있다

– 모든 걸 잃어도 당신의 자존감만은 잃지 마라

– 남편, 아이보다 여자 당신의 건강부터 챙겨라

– 여자 당신만의 돈이 없으면 삶이 구질구질해진다

– 여자의 존엄성은 경제적 독립에서 온다

– 오직 통장에 있는 돈만이 당신을 지켜준다

– 여자가 돈을 가져야 세상을 가질 수 있다

당신이 미혼녀이든 기혼녀이든 혹은 이혼녀이든 재혼녀이든 상관없이 여성이 당당해질 수 있는 단 하나의 권력은 바로 '돈'이다. 여성에게 돈은 '필수조건'이고 '절대조건'이라는 것을 기억하자. 당신에게 돈이 있어야 당신의 행복한 삶을 이어나갈 수 있고 자녀가 있다면 당신의 자녀를 지켜줄 수가 있다. 그리고 돈에 대한 자신의 권리를 절대 포기하지 말자.

'돈'은 어떤 순간에도 당신을 배반하지 않는다. 여러분을 지켜준다.

3

당신의 5년 후
모습을 디자인하라

"당신의 인생에서 딱 5년을 올인해서 나머지 50년을 자유롭게 살 수 있다면 당신은 어떤 선택을 하실 건가요?"

위의 제안에 대해서 어떻게 생각하는가? 5년이란 시간을 투자해서 50년을 자유롭게 살 수 있다면? 지금 이 책을 읽고 있는 독자들의 나이 대는 아마도 20~40대일 확률이 높다. 당신을 35살이라고 가정하고 35살인 당신이 딱 5년만 투자해서 40살에 목표를 달성하고 나면 당신은 나머지 60년의 남은 시간을 당신이 간절히 원했던 모습으로 행복하게 살아갈수 있게 된다. 60년의 자유로운 삶을 위해서 고작 5년 정도의 올인은 해볼 만하다는 생각이 들지 않는가?

만약 당신의 나이가 지금 50살이라고 가정해도 5년을 올인하여 당신이 처음 정한 목표를 55살에 이루면 당신의 남은 인생 50년, 혹은 그 이상은 자유롭게 살아갈 수 있게 된다. 어떤가? 정말 대단하지 않은가?

당신의 5년 후의 모습을 한번 떠올려보자. 평소 당신이 되고 싶거나 하고 싶거나 이루고 싶었던 모습들을 생각해보자. 만약에 그런 것들에 대해서 깊이 생각해보지 않았다고 하더라도 당황할 필요는 없다. 왜냐하면 지금부터 목표를 만들어 새롭게 시작하면 되기 때문이다.

사실 당신의 무의식 속에는 이미 어릴 때 성립된 당신만의 눈부신 자아상이 존재하고 있을 가능성이 높다. 다만 그것이 의식화되지 않아서 지금의 당신이 그 모습을 알아차리지 못하고 있을 뿐이다. 5년이라는 시간은 당신이 원하는 모든 것을 이루어내기 충분한 시간이다. 결코 짧지도 길지도 않은 딱 적당한 시간이다. 너무 짧으면 충분한 결과를 얻지 못하고 너무 길면 중도포기하거나 결국 탈진해 실패할 가능성이 높다.

지금부터 당신이 5년 후 어떤 모습이 되고 싶은지를 진지하게 생각해보고 적어보자. 일명 '5년간의 성공 프로젝트'이다.

공간이 부족하면 따로 노트를 꺼내서 적어도 좋다.

5년 후의 당신의 멋진 모습을 마음껏 그리면서 가슴이 두근거리고 설레지 않았는가? 그 수많은 멋진 그림 속에서 당신이 가장 원하고 간절하게 원하는 것은 무엇인가? 그것을 선택하고 나면 이제 그것에 대한 강렬한 열망이 에너지파가 되어서 당신의 목표를 이루기 위해 우주로 퍼져나가기 시작한다. 우주의 주파수와 당신의 목표의식의 주파수가 일치하게 되면 그것은 머지않아 당신의 눈앞에 현실로 나타나게 될 것이다. 당신에겐 5년이라는 넉넉한 시간이 존재한다. 5년이라는 시간은 비록 시행착오를 한두 번 겪더라도 되돌아가서 다시 시작할 수 있는 충분한 시간이다.

목표를 결정하기 전에 우선 당신의 목표를 수정할 필요가 있다. 당신이 적은 목표 리스트를 한번 찬찬히 살펴보자. 혹시 지금의 당신 모습보다 조금 더 나은 모습을 5년 뒤 목표로 삼지는 않았는가? 5년 동안 당신은 무엇이든 될 수 있고 얼마든지 성공할 수 있다. 당신은 한 회사의 대표가 될 수도 있고 직원 10명을 거느리는 사장님이 될 수도 있으며 연소득 10억을 버는 사업가가 될 수도 있다. 이왕 5년 후 목표를 세울 거라면 지금 당신의 모습으로는 불가능하다고 생각할 정도로 크고 원대한 목표로 잡도록 하자.

위대한 기업을 일군 리더들은 한결같은 공통점이 있었다. 바로 누구도 흉내조차 내지 못할 아주 '크고 담대한 목표'를 갖고 있었다는 것이다. 여러분도 마찬가지이다. 떠올릴 때마다 가슴이 뛰고 설레고 생각만 해도 입가에 미소가 지어지는 그런 피 끓는 큰 목표를 가져야 한다. 우리가 실패하는 이유는 당신의 능력이 부족해서가 아니라 애초에 목표가 보잘 것 없었을 가능성이 크다.

5년 후의 큰 목표가 정해졌다면 이제 차근차근 순서대로 하나씩 단기간의 목표를 잡는다. 즉 당신의 5년 후 최종 목표는 '회계사가 되어 월 3,000만원의 소득을 번다'이다. 그렇다면 우선 최종 목표를 잡고 그 안에 1년 단위로 중간 목표를 만드는 것이다. 즉 최종 목표를 이루기 위해 필요한 중간 목표를 잘게 시간을 나누어 계획표를 짠다.

최종 목표 : 회계사가 되어 월 3,000만 원의 소득을 번다

1. D-DAY 1년차

- 회계사 1차 시험 합격을 목표로 한다. 총 5과목.

2. D-DAY 2년차

- 회계사 2차 시험 합격을 목표로 한다. 총 4과목

3. D-DAY 3년차

- 최종합격까지 1년이 더 소요될 수 있다. 계속 공부한다.

- 3년차에 최종 합격하였다.

- 아직 자본이 많이 없으므로 회사에 취업하여 실무경험을 쌓기 시작
한다.

4. D-DAY 4년차

- 실무경험을 쌓으며 돈을 모으기 시작한다. 아직 돈을 더 모아야 한
다. 1년 더 실무경험을 쌓는다.

- 개인 사무실을 오픈하였다. 이제부턴 월급쟁이가 아닌 내가 하는 만
큼 수익이 난다. 나의 목표는 월 3,000만 원이다.

5. D-DAY 5년차

- 실무경험을 쌓으며 돈을 모으기 시작한다. 아직 돈을 더 모아야 한
다.

- 1년 더 실무경험을 쌓는다. 실력이 점점 쌓이고 있고 돈도 모이고 있
다.

- 개인사무실을 오픈 후 1년차. 아직 월 소득은 1,000만 원이 조금 넘
는다.

- '5년 후 목표②'를 다시 작성해야 할 것 같다.

5년이란 시간은 생각보다 순식간에 지나간다. 당신의 5년 전 모습을
생각해보자. 오늘로부터 5년은 또 금방 흘러 당신 앞에 다가올 것이다.
당신은 이 책을 읽고 5년 후 당신의 모습을 상상하며 희망을 느꼈을 것이

다. 그러니 지금 당장 시작하자. 거창할 필요는 없다. 우리가 기억할 것은 '목표는 원대하게 그러나 시작은 가볍게'이다.

여러분이 목표를 향해 꾸준히 가는 동안 고통에 맞닥뜨릴 수도 있다. 그러면 잠시 쉬었다가 다시 시작하자. 인생에서 1~2년은 엉뚱한 길로 접어 들어도 괜찮다. 당신에겐 다시 되돌아올 수 있는 충분한 시간이 있다. 매일 사무치는 외로움과 치열하게 싸울 수도 있다. 다 괜찮다. 모두 괜찮다. 5년 뒤 나에게 당신의 성과에 대해서 꼭 말해 주길 바란다. 나는 항상 여기서 당신을 기다리며 응원하고 있겠다.

4

온전한 내 삶의
주인으로 살아가라

윈스턴 처칠은 "지옥을 통과하는 중이라면 계속 걸어가라."라고 말했다.

고난을 통해서 사람은 성숙하고 성공의 어머니는 실패라는 말들은 모두 위대한 위인이 한 말들이다. 당신이 이 교훈들을 알고 있더라도 막상 당신이 힘든 상황에 처하면 그곳에서 빠져나오기 전까진 앞에 열거한 말 따위는 기억나지 않을 것이다. 그저 이 순간에 이 힘든 상황을 벗어나고 싶은 마음뿐 이다. 자. 처칠이 한 말을 다시 기억하자.

"지옥을 통과하는 중이라면 계속 걸어가라"

내 모습을 온전히 드러내기란 무척 힘든 일이었다. 사람들은 밝은 사람을 좋아하니까 밝게 행동하기 시작했다. 사람들은 웃는 사람을 좋아하니까 자주 웃었다. 사람들은 화를 내는 사람을 싫어하니까 화는 잘 내지 않았다. 그렇게 그들이 원하는 모습에 나를 하나씩 맞춰가면서 행동했다. 그렇게 행동하지 않으면 그들이 더 이상 나를 사랑해주지 않을까 봐 겁이 났다. 가면을 쓴 채 사람들을 만나서 웃고 즐기곤 했다. 그런 모임에 참석하고 나서 혼자 집으로 돌아오는 그 길은 무척 서글펐던 것으로 기억한다. 세상에 나 혼자 동떨어져 있는 듯한 기분이 들었다.

성인이 되면서부터는 그런 거짓된 감정으로 나를 밝게 표현하는 것이 괴로워지기 시작했다. 더 이상 웃는 가면을 쓰고 살아가고 싶지 않았다. 사실 그렇게 할 기력조차 남아 있지 않았다. 만약에 나 자신의 문제점을 알아내지 못한다면, 평생 이렇게 가면을 쓰고 살아가야 한다면 분명히 힘든 삶이 될 거라는 생각에 절망스러웠다.

나는 있는 그대로의 내 모습을 왜 남들에게 보여주기 두려워하는 것일까, 내 속에 무엇이 나를 힘들게 하는 걸까 궁금했다. 분명히 나 자신에게 원인이 있을 거라고 생각했다. 내 안에 숨어서 울고 있는 나의 또 다른 자아를 찾아내고 싶었다. 나는 그날부터 수십 권의 심리학책을 읽고 논문을 뒤지면서 나 자신에 대해서 공부하기 시작했다. 심리학에서 가장 우선적으로 중요시하는 관계가 있다. 그것은 바로 '나'와 '부모'와의 상관관계이다. 인간의 모든 문제의 80% 이상은 여기서부터 시작된다. 왜냐하면 배 속의 태아가 세상에 태어나면서부터 한 인간의 무의식이 모두 결정되는 나이인 5살까지의 어린아이와 가장 긴밀한 관계를 맺는 사람은 바로 아이의 '부모'이기 때문이다.

우리 아빠는 가난한 집안의 장손이자 장남이었다. 도대체 경상도 집안의 장손이라는 것은 얼마나 대단한 지위이기에 아빠는 매일 그렇게 바쁜지 어린아이였던 나로서는 이해할 수가 없었다. 아빠는 공부를 잘했고 그렇게 공무원이 되었다. 아빠는 안정된 직장을 다닌다는 이유만으로 가족이 있음에도 2명의 남동생에게 대출까지 내어주었다. 친할머니는 대단한 성격의 소유자로 앞뒤 가리지 않고 본인의 기분이 풀릴 때까지 말을 하는 스타일이었다. 할머니는 자주 히스테리를 부리곤 하셨는데 그 대상은 언제나 23살의 꽃 같은 어린 나이에 시집을 와서 시댁살이를 하고 있는 우리 엄마였다. 아빠는 우리 3남매에게 애정표현을 하신 적이 거의 없을 정도로 무뚝뚝하셨다. 우리는 할머니의 질타와 아빠의 무관심 속에서 다행히 엄마의 진심 어린 사랑으로 보살핌을 받고 자라날 수 있었다.

아빠로부터 제대로 된 사랑을 받지 못한 유아기의 여자아이들은 성인이 되어서도 '남자'라는 인격체와 진정한 사랑을 주고받기가 쉽지 않다. 남자와의 감정교류가 없었기 때문이다. 나의 22살의 첫 연애는 너무나 서툴렀다. 나는 연애 초반에는 상대방을 존중하며 예의를 지키다가 어느 정도 시간이 흘러 상대가 편해지기 시작하면 상대방의 사랑을 의심하기 시작했다. 그리고 그를 시험해보기도 하였다. '내가 이 정도로 화를 내는 데 네가 참을 수 있겠어? 내가 이렇게까지 짜증내도 네가 받아줄 수 있겠어?'라는 식으로 말이다. 상대방이 나의 짜증을 어디까지 받아주는지가 나를 얼마만큼 사랑하는지의 척도가 되었다. 당연하게도 나의 첫 연애는 불행하게 끝나버렸다. 이별의 원인 제공자는 바로 나였다.

시간이 지날수록 연애도 인간관계도 힘들어지기 시작했다. 남들은 나이를 먹으면서 인간관계가 더 쉬워진다고 했는데 나는 더욱 힘들어지고 있었다. 더 이상 버티기 힘든 지경까지 이르자 나는 나 자신이 정말로 어떤 사람이고 어떤 상처가 있어서 이렇게 행동하는 건지 알아보기로 했다. 나는 나의 일생을 돌아보면서 상처받은 내면아이의 존재를 알게 되었다.

내가 마음가면을 쓴 이유는?
- 3남매 중 둘째딸이었던 나는 많은 사랑을 갈구했으나 그에 상응하는 만족할만한 사랑을 받지 못했다. 어느 날 누군가에게 밝고 씩씩한 모습

을 보이자 상대방에게 긍정적인 피드백을 받았고 그날 이후 밝고 씩씩한 모습의 가면을 쓰며 사랑받길 원했다. 그렇게 하지 않으면 사랑받지 못할 것이라 여겼다.(전형적인 애정결핍의 모습)

'남자'라는 인격체와 사랑이 힘들었던 이유는?

- 무뚝뚝한 아빠로부터 충분한 사랑을 받지 못했던 기억들이 결핍의 요소가 되어 내면아이로 존재했다. 나 자신이 사랑받을 존재가 맞는지 스스로 확신하지 못했기 때문에 상대방에게 나에 대한 사랑을 시험해보곤 했다.

결국 내 안에 상처받은 내면아이가 존재한다는 사실을 알게 되었다. 그리고 오랫동안 내 안에서 울고 있는 내면아이를 단 한 번도 껴안아 주거나 위로해준 적이 없다는 사실을 깨닫게 되었다. 나는 항상 나 자신이 실수할 때마다 부족한 나 자신을 미워하고 자책하고 책망했는데 그럴 때마다 내 안의 상처받은 내면아이가 얼마나 가슴 아파했을지 그제야 알게 되었다. 그리고 드디어 나를 있는 그대로의 모습으로 바라보게 되었다. 나의 상처받은 내면아이를 받아들이고 인정하는 순간 나는 드디어 자유로워질 수 있었다. 항상 누군가에게 좋은 이미지로 보이려고 하고 밝은 척하던 내가 어느 순간 믿기지 않을 만큼 자유로워졌다. 더 이상 주변의 시선을 신경 쓰지 않는다. 나 자신을 그대로 받아들일 수 있게 되었다.

나는 나일뿐이다. 언제나 그랬다. 항상 그 자리에서 나는 있는 그대로의 내 모습으로 고요하게 존재하고 있었다.

이제는 더 이상 나 자신을 자책하지 않는다. 높은 이상 속의 내 모습을 그려놓고 그 모습에 도달하기 위해 노력하고, 그곳에 도달하지 못하면 하염없이 나 자신을 자책했던 내가 이제는 스스로를 미워하지 않게 되었다. 나 자신을 있는 그대로 인정하게 되었다. 누군가에게 잘 보이려는 노력을 하지 않으므로 나는 자연스러워졌고 마음이 무척 평화로워졌다.

이제 나는 혼자 있어도 행복해지는 방법을 알게 되었다. 과거의 외로웠던 나로부터 벗어나게 되었다. 내 안의 내면 아이를 내가 먼저 안아주기 시작했다. 이제 나는 나 자신을 자주 안아주고 있다. 내 안의 내면아이가 웃고 있다. 아이들은 언제나 그랬듯이 사랑을 받으면 금방 상처를 회복한다. 이제 내 안의 내면 아이가 상처를 치유받고 있다.

나는 드디어 온전한 내 삶의 주인공으로 살아가고 있다.

5

세상이 만들어놓은
각본에서 탈출하라

"너 대학교 어디 들어갔어?"

"너 언제 취업할래?"

"이제 와서 무슨 유학이야? 나이가 몇인데."

"너 언제 결혼할 거야? 이제 슬슬 결혼적령기인데 걱정되지 않아?"

"아이는 언제 낳을 거야? 하나면 부족하던데. 둘은 낳아야 하지 않겠
어?"

어디서 많이 들어본 질문들이다. 매년 설날과 추석 같은 명절이 되면
친척들에게 빙 둘러싸여서 마치 취조를 받는 것처럼 반복적으로 듣는 질
문들이다. 그래, 고작 1년에 한두 번 보는 친척들이 순수하게 당신의 안

위가 궁금해서 그런 질문을 하는 것이라고 이해하려고 했다. 그러나 의기양양한 표정으로 이어지는 '라떼는 말이야~'가 시작되면 당장 그 자리를 박차고 나가버리고 싶다.

대한민국은 유난히 짜여진 각본대로 삶을 살아가기를 원한다. 우리는 정해진 나이에 따라 뭔가 해야만 할 때라는 생의 과정에 집착한다. 즉 공부를 열심히 해야 할 때, 대학교를 가야 할 때, 취업을 해야 할 때, 결혼할 나이가 되었을 때, 아이를 낳아야 할 때 등 모든 것은 그 '때'에 맞춰 진행되어야 하고 혹시라도 그 '때'를 놓쳐버리면 마치 인생의 패배자가 된 것처럼 취급당한다.

당신이 용기를 내어 정해진 길을 거부하고 다른 길로 가고자 하는 순간이 오면, 당신 주변에 있는 수많은 사람은 득달같이 당신에게 달려들어서 '걱정'과 '조언'이라는 허울 좋은 말로 당신의 꿈을 짓밟아버릴 가능성이 높다. 그 수많은 반대에 정면으로 부딪치면 당신은 어떻게 반응할 수 있을까? 심지어 당신과 가장 가깝고 당신을 가장 잘 아는 사람이 당신의 꿈과 희망을 반대한다면? 당신이 새로운 목표를 이야기했는데 그것은 절대로 불가능하다고 그들이 이야기한다면? 당신은 그들을 믿고 있기 때문에 당신이 할 수 없다고 생각하며 주저앉아버릴 가능성이 높다. 왜냐하면 그들은 당신과 오래된 관계로 당신에 대해서 가장 잘 알고 있는 사람들이기 때문이다.

솔직하게 말하자면 당신 주변의 모든 사람은 당신이 성공하거나 그들보다 더 잘되기를 원하지 않는다. 당신이 성공하길 바라는 사람은 오직 당신 자신뿐이다. 아무리 오래된 단짝 친구라도 존경하는 선생님도 교수님도 당신의 성공을 원하지 않는다는 사실을 일찍 깨달아야 한다. 당신만 빼고 다른 모든 사람은 인간의 '하향평준화'를 원한다. 즉 내가 못하면 너도 못한다고 생각한다. 내가 성공하지 못하면 너도 성공하면 안된다고 생각한다. 그것이 '하향평준화'이다. 당신이 위로 올라갈 수 없도록 현재의 위치로 당신을 교묘하게 끌어내린다. 그렇게 그들은 조언을 핑계로 당신이 새로운 꿈으로 나아가기를 포기하게 만든다.

당신이 무언가를 새롭게 시작하려고 할 때마다 당신 곁에 있는 누군가가 당신을 걱정하며 말렸던 기억이 있지 않은가? 당신이 믿었던 바로 그 사람이 말이다. 만약에 당신이 또 다른 새로운 시작을 하려고 하면 그 사람은 똑같이 당신에게 걱정으로 위장한 반대를 하게 될 것이다. 결국 당신의 '드림킬러' 역할을 반복하게 될 것이다. 여기서 '드림킬러'란 당신의 꿈을 매번 '현실'이라는 말로 무너뜨리고 당신을 포기하게 만드는 사람이다. 그들은 당신의 인생에서 도움이 되는 사람들이 아니다. 가장 좋은 방법은 그들을 손절하는 것이다. 그들은 당신을 도와주지 못한다. 오직 당신 자신만이 당신을 성공으로 이끌 수 있다. 남에게 조언을 구하거나 기대하지 마라. 당신이 뜻하는 대로 그냥 밀고 나가는 것이 가장 빠른 성공의 길이다.

생각해보면 우리는 왜 사회가 만들어놓은 시스템에 맞춰서 살아가야만 하는 걸까? 부모님이 그렇게 말씀하셔서? 관행이라서? 그렇게 살면 더 행복하게 잘 살아갈 수 있어서? 너무나 당연하게 그렇게 살아야만 한다고 생각했다면 그것에 대해서 의문을 한번 가져볼 필요가 있다. 우리가 초등학교 때부터 들어온 교육은 이 나라의 사회제도와 문화에 순응하도록 가르쳐주는 수동적인 교육이었을 가능성이 높다. 우리도 이미 스스로 잘 알고 있지 않은가. 우리나라의 주입식 교육은 '나'라는 사람을 스스로 생각하는 사람으로 자라지 못하게 했다는 사실을 말이다.

나 역시 그랬다. 고등학교를 졸업하고 20살에 남들이 다 간다고 하는 대학교에 갔다. 대학교를 졸업하고 취업을 했다. 결혼적령기가 되어서 주변에 있던 인연이 된 남자와 결혼을 했고 아이를 출산하였고 그렇게 살아가는 것이 가장 평범하고 행복하게 살아가는 것이라고 믿어 의심치 않았다. 주 5일 40시간 근무를 하면서 한 달 월급을 받고 주말에 잠시 동안 휴식을 하며 아이와 함께 근근이 의식주를 해결하며 살아가는 것이 평범하고 행복한 삶이라고 계속 생각해왔다. 그러다 어느 순간 뭔가 잘

못되어 가고 있다는 생각이 들기 시작했다. 새로운 길을 두리번거리기 시작했다. 그러나 지금 걷고 있는 그 길을 벗어나고 새로운 길로 들어서는 것이 두려워지기 시작했다. 각본대로 살아가는 인생, 남들도 다 그렇게 살아가는데 크게 잘난 것도 없는 내가 굳이 각본을 벗어나서 잘 살 수 있을까? 내가 남과 다르게 살려고 하는 걸까? 걱정이 되었다. 남들에게 비평받을까 봐, 혹시라도 내가 노력을 했지만 실패하면 어떻게 해야 할지 두려운 감정이 커지기 시작했다. 그러나 어느 순간 지금 이 변화의 고통을 회피한다면 더 큰 고통이 나를 기다리고 있을 것이라는 생각이 들었다. 고통스럽지만 각본 밖으로 뛰쳐나가기로 결심했다. 내 삶을 내가 스스로 통제할 수 있다고 생각하니 처음으로 '자유'를 느끼게 되었다. '자율의지'는 내가 어떤 삶을 살아갈 것인지에 대해 선택할 수 있는, 실로 인간의 가장 위대한 행복의 비밀이다. 내 인생을 어떻게 살아갈지 통제하고 스스로 선택하다 보면 자신에게 당당함을 가지게 되고 내가 나의 운명을 통제한다는 사실에 행복감을 느끼게 된다.

사실 지금껏 살아온 내 삶의 방식도 내가 선택해온 것의 결과물로 현실세계에 나타나 있는 것이다. 만약 지금 내가 행복하지 않은 상황에 머물고 있다면 구체적으로 내가 어떤 잘못된 선택을 했었는지를 곰곰이 생각해보아야 한다. 쓸데없는 변명을 늘어놓으면서 '그때는 그렇게 선택할 수밖에 없었어.'라는 말은 아무런 도움이 되지 않는다.

지금부터 당신 인생의 새로운 각본을 한번 만들어보자. 당신은 여태껏 세상이 주어진 계획표대로 살아왔을 가능성이 높다. 지금 당신의 인생이 불만족스럽거나 불행한 부분이 있다면 곰곰이 생각해보자. 내가 과거에 어떤 선택을 해서 지금의 상황이 불만족스러운 건지, 이 부분을 어떻게 새롭게 각본을 쓰면 내 인생이 지금보다 더 행복해질 수 있을지 계획을 짜보는 것이다. 당신이 그것을 원하거나 원하지 않거나 결국 둘 중에 하나를 선택할 수밖에 없다. 그것을 하거나 아니면 계속 그것에 대해 꿈만 꾸거나.

당신이 인생을 바꾸기로 결정했다면 당신은 2가지 선택의 길 앞에 서게 된다. 당신이 행동하기로 선택하거나 아니면 그대로 그 삶 속에서 불평하면서 살아가는 것이다.

세상이 만들어놓은 각본 안에서 끌려다니지 말고 당당하게 그 각본에서 탈출하면 내 삶은 과연 어떻게 되는 것일지 지금부터 당신만의 각본을 새로 만들어보자. 당신의 꿈에 더 다가갈 수 있는 방법을 찾아내보자. 당신이 하고 싶은 일을 하면서 그 일의 주인이 되어 당신의 삶을 통제하고 자유롭게 살아가자. 당신만의 자유 의지로 당신의 행복을 위해 스스로 삶을 만들어가자. 내가 항상 당신의 곁에서 응원하고 있을 것이다.

6

성공에 대한
나만의 기준을 만들어라

미국의 저명한 비즈니스 철학자 짐 론은 "자신의 삶을 100% 책임져라.
자기 자신을 책임져라. 환경이나 계절이나 바람은 변화시킬 수 없지만,
자기 자신은 변화시킬 수 있다."라고 말했다.

누구에게나 '성공'에 대한 자신만의 기준이 있다. 당신은 어떤 성공을
꿈꾸는가?

당신은 단순히 돈이 많은 부자가 되길 원하는가? 아니면 사회적으로
유명해지길 원하는가? 아니면 돈보다 명예를 가지고 싶은가? 일반적으
로 사람들은 '성공'이란 것을 돈을 많이 벌거나 출세를 하거나 유명인이

되어 많은 사람들에게 사랑을 받는 것으로 착각하는 경우가 많다. 사실 진정한 성공이란 행복을 기반으로 이루어져야 하는 것이다.

그렇다면 여러분은 '왜' 성공하고 싶은가?

"그야 당연히 성공하면 부자가 될 수 있으니까. 돈이 많으면 부모님께 좋은 집도 사 드릴 수 있고 좋은 차를 타고 다닐 수 있으니까. 그러다가 좋은 사람 만나서 결혼할 수도 있고 넓은 집에서 아이를 낳고 돈 걱정 없이 아이에게 듬뿍 사랑 주며 잘 키울 수 있으니까 당연히 성공하고 싶지."

모두 이렇게 이야기한다. 당신의 말 또한 모두 맞다. 위에 나열한 것들을 가만히 보고 있자면 결론은 하나이다. 당신이 성공하고자 하는 가장 근본적인 원인은 바로 당신이 '행복'해지고 싶어서이다. 당신은 행복해지기 위해서 성공을 원한다. 결국 인간의 모든 욕구의 최종 목표는 바로 '행복'을 위해서이다. 부모님께 효도하고 자식을 낳아 잘 기르고 싶은 마음은 우리 모두가 똑같다. 근본적인 마음에는 그렇게 함으로써 당신 자신이 행복해지기 때문이다. 지금 당신이 돈이 없어서 아프고 불행하다면 당신에게 '성공'은 '부자'가 되는 것이다. 그렇다면 당신은 '부자'가 되기 위해서 지금부터 무엇을 어떻게 해야 할지 스스로 계획을 짜야 되는 것이다.

  41개 언어로 번역돼 1억 부 이상 판매된 베스트셀러『영혼을 위한 닭고기 스프』의 저자인 잭 캔 필드는『석세스 프린서플』이라는 책을 통해서 성공하는 인생을 만드는 성공법칙에 대해서 이야기한다. 그는 단순히 삶은 한 가지의 성공만으로는 결코 행복해질 수 없다는 것을 강조한다. 그는 삶을 7가지 영역으로 나누고 그 7가지 영역이 골고루 성공하면 진정한 의미의 행복한 삶을 살고 있는 것이라고 이야기한다. 그가 말하는 삶의 7가지 영역은 다음과 같다.

  1. 재정, 돈
  2. 직업, 커리어
  3. 인간관계, 가족, 친구
  4. 건강
  5. 여가, 자유시간
  6. 개인성장
  7. 지역사회, 기부, 봉사

  당신이 삶의 7가지 영역에서 이미 1번을 성취한 상태라고 생각해보자. 즉 당신은 이미 돈을 많이 가지고 있다. 당신이 '돈'을 많이 가지고 있다면 평생 행복하게 살 수 있을까? 돈이 행복의 무조건적인 조건이 될 수 있을까? 만약에 돈이 아무리 많아도 가족이 아프거나 가족이 죽거나 내 가정이 깨지거나 내 아이가 불행해지면(3번 인간관계, 가족) 그 인생을 과연 행복하다고 말할 수 있을까? 또한 돈이 아무리 많아도 당신이 교통사고가 나서 하반신 불구가 되어버리면(4번 건강) 여전히 당신은 행복할 수 있을 것인가? 어쩌면 그 많은 돈이 다 무슨 소용이 있을까 생각이 들기도 할 것이다.

그렇다. 삶의 한 가지 영역이 충족된다고 해서 당신의 삶의 모든 것이 행복하다고 말할 수 없는 결정적인 이유가 바로 여기에 있다. 성공한 사람들 중에는 젊은 시절에 열심히 일하고 많은 돈을 벌었지만 가족을 챙기지 못해서 나이가 들어서는 가정이 깨지거나 산산조각이 나는 경우도 많다. 그리고 바쁘게 살면서 진정으로 사랑하는 사람을 만나 가정을 이루지 못한 것을 나이 들어서 후회하는 사람 또한 많다.

내가 좋아하는 개그맨 중 '주병진' 씨가 있다. 주병진 씨는 한때 대한민국에서 가장 잘나가는 개그맨이었다. 그는 깔끔한 정장차림에 매너 있고 여유로운 미소를 띤 매력적인 사람이었다. 그는 너무나 가난한 집에서 태어나 일명 속옷사업(보디가드)로 엄청나게 성공했다. 성공한 개그맨과 사업가로 통하던 그가 법적투쟁을 꽤 오랫동안 한 후 간만에 방송에 모습을 드러냈다. 그는 방송에서 집을 공개했는데 집은 무려 200평의 어마어마한 펜트하우스였다. 개그맨 후배 박수홍씨가 '선배는 나의 롤모델'이라고 하자 그가 진심 어린 조언을 해주는 것이 기억에 남았다. 그는 이렇게 이야기했다.

"아무리 넓은 집에서 살아도 이 집은 껍데기야. 나 혼자 사니까 따뜻하지가 않잖아. 결국 사랑하는 사람들이 함께할 때 비로소 집이 완성되는 거야."

주병진 씨의 그 공허한 눈동자를 바라보며 그의 진심을 느낄 수 있었다. 그의 말은 세월을 담은 진심이 느껴지는 말이었다. 나 역시 힘들었던 결혼생활을 했지만 이제 와서 생각해보면, 그래도 한집에서 남편과 아이와 함께 지지고 볶아도 같이 있던 그 순간들이 좋았다. 그날의 따뜻했던 집안의 온기를 기억한다. 시간이 지날수록 힘들었던 기억보다 함께하며 즐거웠던 추억들이 떠오르기도 한다. 나는 마지막까지 내가 할 수 있는 최선을 다했기에 미련은 없지만 가끔씩 따뜻했던 그날의 집안의 온기와 내 아이의 해맑은 웃음소리가 집 안에 울려 퍼지는 그 순간이 그리워지곤 한다. 다시 돌아갈 수 없는 그때의 우리 집이 그립다.

사람들은 쉽게 착각한다. '돈'을 많이 가져야만 행복해진다고 말한다.

'돈'을 많이 갖기 전까지는 아내와 아이와 같이 놀아줄 시간이 없다고 말한다. 아직 오지 않은 미래의 행복을 위해서 현재의 삶을 포기한다. 그러나 과연 그럴까? 앞에서 봤듯이 인생의 7가지 영역에서 골고루 당신의 목표를 이뤄야만 행복한 삶을 이뤘다고 진정으로 말할 수 있다.

각각의 영역에 자신만의 목표를 한번 적어보자.

인생의 7가지 영역 목표 설정하기

1. 재정, 돈 – 꿈꾸는 연봉, 자산(원하는 집의 위치, 크기, 자동차)
2. 직업, 커리어 – 어떤 일을 하고 싶은가? 무슨 사업을 하고 싶은가?
3. 인간관계 – 가족, 친구, 동료와의 관계는 어떻게 되고 싶은가?
4. 건강 – 당신이 원하는 이상적인 몸은 어떤 모습인가?
5. 여가, 자유 시간 – 어떤 취미활동을 하는가? 어떻게 휴식을 취하는가?
6. 개인성장 – 무엇을 배우고 있는가? 정신적으로 성장하고 있는가?
7. 지역사회, 기부, 봉사 – 세상을 더 나은 곳으로 만들기 위해 당신이 하고 싶은 것을 목표

인생에 있어 먼 훗날의 '행복한 미래'란 존재하지 않는다.

행복한 미래를 위해서 지금 현실을 포기하지 말자. '현재'는 지나가고 나면 다시는 되돌릴 수 없다. 주말에 당신의 사랑하는 아이와 눈을 마주치며 최대한 많은 시간을 함께 보내자. 현재는 지나가면 다시는 돌아오지 않고 아이는 어느 순간 커버리기 때문이다. 다가올 미래를 준비하면서 현재의 행복을 놓치지 않는 것! 성공을 위한 당신의 현명한 선택을 기대한다.

7

자신감 있는 여자는
선택에 책임을 진다

미국의 베스트셀러 막스 루카도는 말한다.

"당신은 우연한 존재가 아니다. 당신은 대량생산된 존재도 아니며, 조립제품 또한 아니다. 당신은 최고의 장인에 의해서 신중하게 계획되었고, 특별한 재능을 부여받았으며, 애정에 가득 차 이 세상에 보내어졌다."

나는 나 자신에 대해서 잘 알고 있는 것 같지만 사실은 전혀 자신에 대해 알고 있지 못했다. 사실 그랬다. 나는 정말 나 자신에 대해서 잘 알지 못했다. 나라는 여자가 어떤 사람이고 어떤 성격을 가지고 있고 나의 취미, 기호, 버릇, 특징 등에 대해서 잘 알지 못했다. 그저 무난하게 여러 사람과 좋은 인간관계를 맺고 사는 지극히 평범한 사람이라고 생각해왔다. 그런 내 성격은 사랑에서도 그대로 나타났다. 나는 내가 좋아하는 사람보다 나를 좋아해주는 사람을 만나곤 했다. 나 자신에게 맞는 스타일의 남자라는 게 어떤 사람인지 명확한 기준이 없었다. '사람은 누구나 장단점이 있으니까.'라는 인도주의적인(?) 마음이 컸기에 누구를 만나도 잘 맞춰갈 수 있을 거라고 생각했다.

그런 마음가짐으로 연애를 시작하면 어떻게 될까? 인정하고 싶지 않지만, 연애에도 갑과 을의 관계가 존재한다. 보통 연애에서는 여성들이 '갑'의 위치에 있는 경우가 많다. 왜냐하면 남자들의 고백을 받고 이 남자와 사귈 것인가, 말 것인가의 선택권이 여성에게 주어지기 때문이다.

여성들이 '갑'의 위치에서 '을'의 위치로 바뀌는 이유는 단 하나뿐이다. 그녀가 자기 자신보다 그를 더 사랑하기 시작하면 그녀는 연애에서 '을'이 되는 것이다. 연애를 하면서 어느 순간 그녀 혼자 노력하고 있음을 문득 깨닫게 된다. 나 또한 그랬다. 그 사람에게 맞춰주기 시작할수록 연애가 점점 힘들어진다. 내가 점점 지치기 시작한다. 그러면서 회의감이 든다. '왜 나만 이렇게 힘들어야 하지?' 내가 좋아서 시작했으면서도 나처럼 노력하지 않는 상대방이 점점 미워진다. 그렇게 노력의 한계에 도달해버리면 갑자기 화를 내거나 원망을 표현하기도 했다. 아마 그들도 무척 당황했을 것이다. 속마음을 얘기하지 않은 채 내가 화를 내었으니까 말이다.

당신이 현재 가장 가까이에서 많은 시간을 함께 보내고 있는 사람들은 어떤 사람들인가? 당신에게 긍정적인 기운을 보내주는 사람들인가? 아니면 같이 신세 한탄을 하고 있는 사람들인가? 지금 당신 곁에서 당신과 가장 많은 시간을 함께하고 있는 사람들이 어떤 사람들인지 한번 생각해보자. 당신이 지금보다 더욱 행복하고자 한다면 당신에게 도움이 되는 긍정적인 사고방식을 가지고 있고 소소한 일에도 행복감을 느끼는, 순수한 사람들과 가까이하는 것이 좋다.

"삶은 소유물이 아니라 순간순간의 있음이다
영원한 것이 어디 있는가. 모두가 한때일 뿐.
그러나 그 한때를 최선을 다해 최대한으로 살 수 있어야 한다."
— 법정스님, 『버리고 떠나기』

나는 대한불교 천태종에서 3년 정도 사무업무 일을 한 경력이 있다. 그때 스님들의 삶을 가까이에서 지켜볼 수 있었다. 불교의 정신 사상 특히 무(無)의 개념과 공(公)의 개념에 대해서 그때 많이 배울 수 있었다. 스님들의 '무소유' 정신과 '이타주의적 사상'은 그들에게 진심으로 우러나는 마음이었다. 나는 이전 직장을 다닐 때 지독한 물질적 욕망에 사로잡혀 괴로워했다. 큰 집에서 살고 싶었고 많은 돈이 있기를 욕망하였고 남의 시선을 의식해서 좋은 차를 타야 한다고 생각했다. 그것이 성공을 나타내는 것이라고 생각했다. 더 넓은 집과 크고 좋은 차와 값비싼 명품들로 온몸을 휘감으면 사회에서 인정받고 행복해질 수 있을 거라 생각했다. 그러나 절에서 일을 시작하면서 물질적인 욕망에 대한 맹목적인 행복에 대한 믿음은 점점 줄어들기 시작했다. 많은 물건을 소유함으로써 더 행복해지는 것은 아니라는 것을 배울 수 있었다. 작은 집, 적은 물건 등으로도 충분히 행복해질 수 있었다. 스님들의 삶을 보면서 그런 것들을 모두 배울 수 있었다. 스님들은 많은 물건을 소유하지 않으신다.

스님들의 침소에 가보면 항상 서적과 개인적인 몇 가지 물건만 덩그러니 자리를 잡고 있을 뿐이었다. 스님들은 적게 가지면서 만족해하셨고 오히려 많은 물건들이 생기면 그것을 신도들에게 나눠주곤 하셨다.

"무소유란 아무것도 갖지 않는 것이 아니라 불필요한 것을 갖지 않는다는 뜻이다. 우리가 선택한 맑은 가난은 부보다 훨씬 값지고 고귀한 것이다."

— 법정스님, 『무소유』

미리 말하지만 나는 특정 종교를 옹호하는 것은 아니다. 사실 나는 종교에 대해서 호불호가 없다. 인간이 힘들 때 마음의 안정을 찾고 괴로움에서 구원받을 수만 있다면 하나님, 예수님, 성모마리아, 알라신, 부처님 중에 아무나 당신이 믿고 싶은 신으로 믿어도 괜찮다. 당신은 당신의 믿음으로 고통으로부터 벗어나는 것이다. 지금 당장은 이해가 잘되지 않겠지만 당신이 바로 신이라는 사실을 머지않아 깨닫게 될 것이다. 부처님도 말씀하시지 않았던가! "내가 곧 부처요 부처가 곧 중생이다."

나는 절에서 물질과 탐욕에 집착하지 않는 무소유의 개념을 배웠고 사람을 있는 그대로 사랑하라는 박애주의도 배울 수 있었다. 절에서 마음 공부를 할 수 있었음에 감사를 드린다. 그러한 마음이 지금의 내 안에 존재하게 되었음을 감사하게 생각한다. 사람을 사랑하고 무리한 재물을 탐내지 않으며 스스로 만족하고 자신을 사랑하는 방법을 배울 수 있어서 감사하게 생각한다. 나 자신이 감정에 휩쓸리는 순간 아무 일 없었다는 듯이 산들바람처럼 넘겨버리는 마음가짐까지 배웠으니 감사하게 생각한다.

생각보다 내 주변에 가까이 있는 사람들의 행동은 나에게 많은 영향을 미친다. '근묵자흑(近墨者黑 : 먹을 가까이하면 검게 되어버린다.)'이라는 말이 괜히 나오는 것이 아니다. 진정으로 당신이 원하고자 하는 삶의 모습이 있다면 이미 그 삶을 살고 있는 사람들과 많은 시간을 보내는 것이 좋다. 그들과 규칙적, 정기적으로 모임을 가지는 것이 좋다. 그들 곁에서 그들의 모습을 보고 배우며 따라 할 수 있기 때문이다.

성공한 사람들을 만나고 싶다고? 성공한 사람들을 만날 수 있는 장소는 존재한다. 모임이 있다면 그곳의 참석비가 얼마가 들든지 그곳에 꼭 참석해라. 그리고 강연회, 강좌, 세미나, 클리닉, 캠프 등에 참석해서 당신이 성취하고자 하는 것을 이미 성공한 사람들에게 배워라. 자신감은 전염성이 있다. 그들에게 성공의 에너지를 듬뿍 받아와라. 그것은 당신의 성공 에너지가 된다.

『부랑아의 성공 가이드』의 저자 존 에서레프는 말했다.

"나는 내가 함께하고 싶지 않은 사람들 주변에는 얼씬거리지도 않는다. 그리하여 나는 긍정적으로 남을 수가 있었다. 나는 행복하고, 성장하고 있고, 배우려고 하고, 미안하다든지 고맙다고 말하는 것을 꺼리지 않는 사람들 주변에 어슬렁거린다. 그리고 즐거운 시간을 갖는다."

8

내가 바라는 것이 있다면
행동으로 옮겨라

그래미상을 수상한 미국의 코미디언이자 배우 조나단 윈터스는 "만일 배가 오지 않으면 그것을 향해 헤엄쳐 가라."라고 말했다.

당신은 무엇을 원하는가? 어떤 삶을 원하고 있는가? 당신이 원하는 삶에 대해 아무리 오랫동안 구구절절 이야기하더라도 지금의 나는 당신에게 아무런 도움을 줄 수가 없다. 당신이 원하는 삶에 대해서 '생각만' 하고 있다면 나는 당신에게 어떠한 해결책도 제시해줄 수 없다. 그러나 만약 미래를 위해 당신이 뭔가 '행동'을 시작하면 나는 당신에게 필요한 조언이나 도움을 줄 수 있을 것이다. 그리고 당신이 적극적으로 행동을 시작하게 되면 놀랍게도 당신 주변의 모든 것이 변화하기 시작한다.

나는 내가 꿈꾸던 삶을 내 손으로 놓아버린 후 아무것도 할 수가 없었다. 아무런 행동도 하고 싶지 않았다. 6개월 정도를 집에만 틀어박혀 있었지만 친구를 만나거나 밖에 나가고 싶지 않았다. 그렇게 하릴없이 6개월의 시간을 보냈다. 서서히 내 눈에 보이는 물건들을 하나둘씩 정리하기 시작했다. 추억이 담긴 물건들을 더 이상 보고 싶지 않았다. 내 삶도 이 물건들처럼 깨끗하게 정리하고 싶었다. 아니면 절벽에서 뛰어내리고 싶을 만큼 절박한 심정이었다.

6개월의 시간이 흐르고 무더운 8월의 어느 날, 나는 결국 절벽 끝에서 스스로 온 힘을 다해 기어 올라오는 것에 성공했다. 절벽을 기어오르기 위해 이를 악물고 잡초 따위를 쥐어뜯으면서 한 발 한 발 올라왔다. 만약에 그전에는 누군가 나를 도와주려고 했더라도 내가 스스로 절벽을 벗어날 생각이 없었다면 나는 여전히 그 자리에 머물고 있었을 것이다.

절벽을 기어오른 이유는 단 하나였다. 꿈속에 내 아이가 나왔다. 절벽의 끝에서 아이가 엄마인 나를 바라보고 있었다. 아이는 절벽의 난간으로 아슬아슬하게 걸어오고 있었다. 나는 비명도 지르지 못한 채 아이가 혹시 위험해질까 봐 두려움에 떨면서 바라보고 있었다. 아이는 나를 향해 걸어오고 있다. 그러다가 절벽의 막다른 곳에 다다랐다. 그러나 나는 아이의 손이 닿지 않는 곳에 있었다. 더 이상 아이는 내 곁으로 다가오지 못한 채 멀리서 '엄마~, 엄마!'라며 나를 부르고 있었다. 아이는 울고 있었다. 고작 6살밖에 되지 않은 아이가 엄마인 나를 바라보며 울고 있었다. 내 아이를 울리고 싶지 않았다. 안아주고 싶었다. 그래서 죽을힘을 다해서 절벽 끝에서 땅 위로 기어 올라오는 것을 성공했다.

성공하는 사람들은 행동으로 시작한다. 그들은 오랫동안 완벽하게 계획만 세우는 행동 따위는 하지 않는다. 그들은 일단 시작한다. 일단 시작하고 뭔가 행동을 하고 있으면 더 빠른 속도로 배워나간다. 뭔가를 하기에 '완벽한' 타이밍이란 없다는 것을 우리는 이미 잘 알고 있지 않은가! 많은 사람들이 행동을 바로 시작하지 못하는 가장 큰 이유는 실패할까 봐 두렵기 때문이다.

반면에 성공하는 사람들은 실패란 것이 배우는 과정의 하나의 중요한 일부일 뿐이라는 사실을 잘 알고 있다. 실패는 시련과 실수를 통해서 배움을 얻는 가장 빠르고 완벽한 방법이란 걸 그들은 잘 알고 있다.

우선 시작하자. 실수를 하고 피드백을 받고 고치고 그렇게 계속 그 목표를 향해 걸어가자. 그 과정을 거치면서 겪는 모든 경험이 당신의 밑거름이 된다. 성공한 사람들의 모임에 직접 참석해보면 그들 특유의 '성공 에너지'를 온몸으로 느낄 수 있다. 그들의 몸 주변으로는 밝은 아우라가

뿜어져 나온다. 그들은 항상 당당하고 자신감이 넘친다. 아무리 평범한 외모라 해도 그들의 밝은 인상이 그들을 매력적으로 보이게 한다.

사실 나는 실패가 두렵다. 섣불리 시작했다가 실패를 하면 견딜 수 없을 것도 같다. 실패로부터 도망칠 수 있다면 얼마든지 도망치고 싶다. 애초에 나는 성공만을 꿈꾸지 않았다. 나는 그렇게 똑똑하지 못하기 때문이다. 다만 최선을 다하고 싶었다. 최선을 다하면 적어도 후회는 없으니까 말이다. 그래서 방법을 찾아보기 시작했다. 실패를 최소화하고 성공할 수 있는 높은 확률의 방법을 알아보기 시작했다. 그렇게 시작한 것이 '미리 실패하기'이다. 나는 어떤 도전을 시작하기 전에 '미리 실패하기'를 생각한다. 미리 실패하기란 내가 이 목표를 실패했을 경우에 발생하는 '최악의 상황'에 대해서 상상할 수 있을 만큼 상상해보는 것이다.

예를 들어 이렇게 상상한다.

질문 : 내가 당장 내일 직장에서 해고된다면?

최악의 상황
① 한 달 벌어 한 달 먹고 사는 월급쟁이인 나는 그 즉시 수입이 0원이 된다.

② 부모님으로부터 엄청난 걱정과 염려 속에 매일 잔소리를 듣게 된
다.

③ 어쩌면 대출을 받아서 생활을 이어가야 할지도 모른다.

해결책

① 나의 이력서를 업그레이드시키고 적극적으로 구직활동을 하기 시
작한다.

② 노동청과 취업박람회 등을 적극적으로 뛰어다닌다.

③ 우선 어느 곳이든지 취업을 한다. 만약에 그 직종이 맞지 않다면 일
을 하면서 다시 다른 일을 찾으면 된다.

생각보다 견딜 수 없을 정도의 최악의 상황은 아니지 않은가? 게다가
그 최악의 상황에 대한 해결책까지 마련할 수 있게 되었다. 실패의 두려
움이란 당신의 마음속에서부터 일어나는 것이다. 막상 최악의 상황까지
모든 경우의 수를 생각해봄으로써 오히려 최악의 상황에 담담하게 대처
할 수 있게 된다.

"나는 오랜 세월 살아오면서 걱정거리들이 많았는데 그것들 대부분은
절대로 일어나지 않을 것이었다."

— 미국의 작가 마크 트웨인

당신이 두려움을 이겨내고 행동으로 옮기기 시작한다면 당신은 이미 그 목표의 50% 이상을 이룬 것과 마찬가지이다. 많은 사람들이 두려움으로 인해 행동으로 옮기는 것조차 시도하지 못하기 때문이다. 당신이 가장 두려웠던 순간에 그 두려움을 이겨낸 기억을 한번 떠올려보자.

- 다이빙을 처음으로 시도해본 날
- 번지점프를 하기 전 두려움에 떨었던 기억
- 원하는 회사에 면접 보기 직전의 당신의 모습
- 좋아하는 그에게 고백하는 순간의 기억

당신은 아마도 이러한 행동을 행하기 직전에 매우 두려워했을 것이다. 그러나 그 두려움에 사로잡혀 그 자리를 뛰쳐나가거나 포기하지는 않았다. 결국 당신이 포기하지 않았다는 사실이 중요한 것이다. 당신은 도망가지 않았다. 두려움으로부터 도망가지 않고 그 두려움에 정면으로 마주섰다. 결과가 어떻게 되었든지 당신이 두려움에 맞서서 그 경험을 했다는 것이 가장 중요하다. 당신은 용기를 내서 직접 뛰어들었다. 그렇다면 그것을 실행하고 나서 발생한 최악의 상황은 무엇이었는가?

- 다이빙을 처음으로 시도해본 날 ➝ 다이빙을 하고 물을 많이 먹었다.

- 번지점프를 하기 전 두려움에 떨었던 기억 → 번지점프를 하고 허리가 아팠다.
- 원하는 회사에 면접 보기 직전의 당신의 모습 → 원하던 회사의 면접에서 결국 탈락했다.
- 좋아하는 그에게 고백하는 순간의 기억 → 좋아하는 남자에게 결국 차였다.

원하는 회사의 면접에서 결국 탈락했지만 당신은 다른 직장에 계속 이력서를 넣을 수 있다. 어쩌면 당신에겐 새로운 기회가 주어진 것일지도 모른다. 남자에게 고백하고 차였지만 지금쯤 당신에겐 새로운 남자친구가 생겼을지도 모를 일이다. 돌이켜보면 두려워하는 일을 한 후 최악의 상황은 그렇게 나쁘지 않다. 그러니 두려워하지 말고 바라는 것이 있다면 행동으로 옮기자. 당신은 이미 두려움을 극복하고 많은 것을 경험한 강한 사람이기 때문이다.

5장

세상에서 가장
행복한 여자로 살아라

1

소중한 나,
있는 그대로 사랑하라

"우리 아이, 눈도 예쁘고 코도 예쁘고 입도 예쁘네. 손가락도 예쁘고 발가락도 예쁘고 엉덩이도 예쁘고 다 예쁘다~ 우리 아이~ 너무 예뻐."

6살 내 아이에게 이야기하는 것이 아니다. 거울 속 내 모습을 바라보며 나 자신에게 이야기해주는 모습이다. 혹시 '공주병'이냐고? 전혀 아니다. 어느 순간 무너져버린 나의 자존감을 키우기 위해서 나 자신에게 하루에 한 번씩 칭찬을 해주고 있는 것이다. '거울칭찬'을 처음 시작했을 때는 어색하기 그지없었다. 가만히 내 얼굴을 보고 있자니 몸이 근질거렸다. 그러나 움직이지 않고 거울 속 내 얼굴을 바라보았다. 점차 시야가 좁아지면서 나의 두 눈이 보인다. 나의 검은 눈동자를 보고 있으면 세상이 고요해지는 것 같다. 그렇게 하루에 한 번씩 나 자신을 칭찬해준다.

나는 과연 나 자신에게 칭찬을 해준 적이 있었던가? 나의 얼굴을 바라보며 나 자신을 칭찬했던 때가 언제인지 기억조차 나지 않는다. 과연 스스로를 칭찬했던 적이 있기는 있을까? 낯설다. 인생의 3분의1 이상을 살아온 지금에서야 스스로에게 칭찬을 해주고 있다. 좀 더 일찍 칭찬을 해주었더라면 좋았겠다는 생각을 한다.

우리는 도대체 나 자신을 사랑해주는 것이 왜 그렇게 힘이 드는 걸까? 나 자신을 지금 모습 그대로 안아주기가 그렇게 힘든 일인 것일까? 혹시 당신도 당신이 꿈꾸는 이상형의 모습이 되면 '그때가 되어서야 나를 사랑해줘야지'라고 생각하고 있지는 않은가? 당신의 허리사이즈가 26인치가 되어야만 당신은 사랑받을 수 있는 존재인가? 당신의 코가 3cm더 높아져야만 당신은 사랑받을 수 있는 존재인가? 당신이 공무원 시험에 합격해야만 당신은 사랑받을 수 있는 존재인가?

꿈은 인간에게 삶의 희망과 목표의식을 가지게 하여 스스로 노력하고 발전하게끔 도와주는 역할을 한다. 인생의 목표의식을 찾아갈 수 있게 도와준다. 당신이 목표로 삼은 꿈을 이루는 것은 당신에게 자기계발을 통해 성장하게 하지만, 꿈을 이뤄야지만 당신이 사랑받을 수 있는 존재가 되는 것은 아니다. 당신이 스스로를 사랑하는 것과 꿈을 이루는 것은 별개의 문제이기 때문이다. 지금 이 순간 당신은 그저 존재하고 있다는 자체만으로도 충분히 사랑받을 수 있는 존재이다.

사람들은 모두 자신이 되고 싶어 하는 외적인 모습이 있다. 나는 내 사이즈가 55가 되었으면 좋겠다. 허리가 더 잘록했으면 좋겠다. 긴 생머리를 찰랑거리며 다녔으면 좋겠다. 아이를 출산하기 전에는 틈날 때마다 헬스장에 가서 러닝머신을 뛰고 스쿼트를 하며 근력과 유산소 운동을 골고루 했다. 그러나 육아를 시작하면서부터는 운동을 하기가 쉽지 않았다. 누군가에겐 변명으로 들릴 수도 있겠지만 나도 나름대로 많은 노력을 했다. 이 세상엔 날씬한 엄마들이 얼마나 많은가! 나도 내 아이에게 날씬한 엄마가 되고 싶었다. 그러나 내가 다이어트를 하든 말든 살이 쪘든 빠졌든 간에 그런 나를 아무런 조건 없이 사랑해주는 단 한 사람이 있다. 그는 항상 나를 바라보며 예쁘다고 이야기해준다. 반짝이는 검은 눈동자로 "엄마는 웃는 게 참 예뻐."라고 이야기한다. 그렇다. 그 단 한 명의 존재는 바로 내 아이이다.

아이를 키우면서 참 힘든 일이 많았다. 아이를 키우는 것이 내 평생 가장 힘든 일이었다고 자부할 수 있을 정도로 말이다. 다음 생애엔 결혼도 하지 않고 아이도 낳지 않으리라 매일 다짐했다. 아이를 키우면서 가장 힘들었던 점은 내 마음을 알아주지 못하는 남의 편도 아니고, 급격히 저하된 체력으로 기어 다니며 살림과 육아를 했던 그때도 아니었다. 내 감정이 내 마음대로 잘 조절되지 않아서 아이에게 화를 냈던 그 순간이다. 나는 아이를 너무 좋아하고 아이를 사랑하는데도 순간적으로 화가 나면 아이에게 큰 소리를 내곤 했다. 사실 아이 아빠가 나를 미치게 만들어서 화를 낼 수밖에 없다고 생각했는데 그건 핑계였다. 나는 어리석게도 내 감정을 스스로 조절하지 못한 것이었다.

무슨 일이 있어도 아이에게 화를 내서는 안 된다. 차라리 집에 혼자 있을 때 벽을 보며 소리를 지르거나 그 분노를 샌드백에 주먹으로 쳐대면서 화를 풀어야 했다. 아이에게 화를 내고 나면 밤에 잠든 아이 얼굴을 보며 얼마나 후회하는지 모른다. 그럼에도 아이는 세상에서 엄마가 가장 예쁘다고 말한다. 방금 일어난 부스스한 모습으로 머리에 까치집을 짓고 있어도 그 모습마저 예쁘다고 말해 주는 건 세상에서 내 아이뿐이었다.

당신이 미혼이든, 기혼이든 상관없이 당신 앞에 검은 눈동자가 빛나는 어린아이가 있다고 생각해보자. 당신은 무릎을 굽혀 아이와 눈높이를 맞춘다. 그리고 아이의 눈동자를 바라본다. 아이의 눈과 코와 입을 천천히 살펴본다. 아, 아이는 있는 그대로 얼마나 사랑스러운가! 아이를 바라보면서 눈에 쌍꺼풀 수술을 시키고 싶다거나, 아이의 콧대가 3cm 더 높았으면 좋았겠다는 생각 따위는 하지 않는다. 사실 아이는 있는 그대로 사랑받을 수 있는 존재이기 때문이다. 그 아이가 바로 '당신'이다. 당신이 바로 그 '아이'이다. 당신의 눈앞에 아이가 되어 있는 어릴 때의 당신이 존재한다. 당신의 아이에게 '너는 너무 뚱뚱해, 너의 콧대는 너무 낮아, 너는 성격이 이상해, 너는 왜 그렇게 못하는 거니?'라고 말할 수 있겠는가? 아이가 되어있는 당신에게 그렇게 모진 말을 할 수 있겠는가? 아이는 있는 그대로 너무 사랑스러운데 굳이 상처의 말을 던져야만 하는 걸까?

그러니 당신도 이제 더 이상 당신 자신에게 상처를 주는 말은 하지 말자. 더 이상 당신 자신에게 스스로 상처를 주는 말을 하지 말자. 많은 것을 변화시키려고 노력하지 않아도 괜찮다. 당신은 아이처럼 있는 그대로 사랑받을 수 있는 존재이기 때문이다. 당신의 내면에 자신감과 사랑이 충만하면 더 이상 타인의 시선에 당신을 가둬두지 않게 된다. 당신 자체를 사랑하게 된다.

"모든 책임전가는 시간 낭비이다. 다른 사람에게서 얼마나 많은 단점을 발견하든, 당신이 그를 얼마나 비난하든, 그것이 당신을 변화시켜주지는 못 한다."

― 웨인 다이어, 『행복한 이기주의자』

우리는 이미 알고 있다. 내 인생을 결정하는 건 바로 나 자신이라는 것을. 그리고 내가 나 자신을 사랑해주지 않으면 아무도 나를 사랑해주지 않는다는 것도 말이다. 세상을 살아가면서 남과 비교해서 나 자신을 초라하게 느끼지 말자. 남과 비교해서 열등의식을 가지지 말자. 도대체 누구와 비교하는 것인가? 비교할 사람은 오로지 나 자신뿐이다. 과거의 나와 현재의 나를 비교하며 스스로 발전하는 것뿐이다. 사랑하기도 모자란 시간에 타인의 시선을 신경 쓰느라 가장 중요한 당신의 행복을 놓쳐버리지 말자. 당신 안에 있는 내면의 자아가 '나를 좀 봐 줘요.'라고 소리치고 있는 것을 놓치지 말자. 당신 자신을 있는 그대로 받아들이는 것에서부터 당신에 대한 사랑이 시작된다. 당신의 마음속에 있는 자존감이 커지기 시작한다. 마음에 사랑의 꽃이 피어나기 시작한다.

"남들보다 당신이 더 멋지게 못산다고 해도
절대로 당신의 존재를 결코 하찮게 여기거나 소홀히 여기지 마세요.
당신은 태어난 존재 그 자체만으로도 훌륭합니다.
기억하세요, 자신의 있는 모습 그대로가 세상에서 가장 빛나는 보석임을!"

－『있는 그대로 나로 존재해도 괜찮아』, 엄남미

2

행복하기에도
여자의 인생은 짧다

"나 오늘 또 헤어졌어. 이러다가 결혼도 못하고 노처녀로 살다가 혼자
독거노인으로 죽어버리면 어떡해!"

독방에서 독거노인으로 삶의 최후를 맞이하는 자신의 모습을 상상하
던 그녀가 불안감에 소리를 빽 내지른다. 그리고 베개 위에 얼굴을 묻고
는 와앙 울음을 터트린다. 분명 1시간 전까지 데이트 약속이 있다며 샤랄
라 꾸미고 나갔던 그녀였다. 이별은 항상 예기치 못하게 찾아온다고 했
던가! 그와 자주 가던 단골 카페에서 그녀는 1년 사귄 남자친구에게 "너
와 결혼하면 힘들 것 같아. 우리 그만 헤어지자."라는 소리를 들은 것이
다. 가슴 찢어지는 소리를 듣고 집에 돌아와서 눈물을 쏟고 있는 그녀는

올해 30살의 K양이다.

항상 인생은 내가 생각하는 대로 흘러가지 않는다. 1년 사귄 남자친구와 어렴풋이 결혼을 생각하고 있던 K양이 예기치 못한 이별 통보를 받았듯이 말이다. K양은 세상이 끝나버린 듯한 절망감을 느끼고 있었다. 그러나 가만히 생각해보니 그와 제대로 된 결혼이야기를 한 번도 나눠본 적이 없다. 결혼에 대해서 이야기를 시작해보려고 하면 남자친구는 '아직 준비가 되지 않았다'며 대화의 화제를 돌려버리곤 했었다. 애초부터 그는 결혼할 마음이 없었다는 것을 깨달았다. '결국 나 혼자 북 치고 장구 쳤구나.'라는 사실을 깨달은 K양은 속상함에 더욱 큰 소리로 울음을 터뜨렸다.

여자의 인생에서 불안감과 우울감이 가장 높은 시기가 언제일까? 여자 나이 23~24살과 29~30살의 나이에 가장 불안감이 높은 것으로 나타났다. 23살~24살은 대학교를 졸업하는 나이이다. 졸업을 앞두고 아직 취업을 제대로 하지 못한 그녀들은 불확실한 미래에 우울감을 느끼고 있었다. 그리고 29살에서 30살을 넘어갈 때는 앞자리 숫자가 본격적으로 '3'으로 바뀌면서 그녀들의 20대가 끝났다는 사실과 결혼에 대한 현실적인 압박감을 느끼기 시작하면서 불안감과 우울증이 가장 높은 수치로 나타났다. 요즘 같은 100세 시대에 겨우 29살의 여자들이 결혼에 대한 압박감을 가진다고? 머리를 갸우뚱거리지만 사실 그건 개개인마다 다르다. 확실한 건 29살 때의 나도 30살이 되면 여자로서의 인생이 끝나버리는 줄 알았다.

겨우 29살에 여자 인생이 끝나는 줄 알았다고 말하는 내가 어처구니없다고 생각해도 이해한다. 10년도 채 되지 않았지만 29살의 나는 20대의 끄트머리에서 알 수 없는 불안감과 절박함을 느꼈기 때문이다. 정말 신기하게도 29살의 나와 내 친구들은 모두 불안함과 절박함을 느끼고 있었다. 다수가 그런 감정을 느꼈다는 걸 보면 정말로 여자들은 '2'라는 숫자에서 '3'이라는 숫자로 넘어가는 것에 매우 예민한 것인지도 모르겠다. 어쨌든 나를 포함한 5인의 여고동창들은 머리를 맞대고 20대의 마지막을 어떻게 보낼 것인지에 대하여 계획을 짜기 시작했다. 우리는 이상하게도 결의에 차 있었다. 결국 우리는 20대의 마지막을 호텔에서 파자마 파티를 하며 보내기로 결정하였다. 대망의 그날 우리들은 고급 호텔방에서 '20대의 마지막을 위하여'라는 플래카드를 내걸고 거창하게 방을 꾸미기 시작했다. 색색의 풍선으로 방을 꾸미고 와인과 케이크도 샀다. 그날 와인을 마시며 우리는 입을 모아 '나의 20대여 안녕. 행복한 30대여 어서 와!' 따위의 구호를 외쳤던 것도 같다.

여성으로서 살아가는 인생의 시간 중에서 결혼을 하기 전의 20~30대의 시간이 가장 젊고 아름답고 자유로운 시간이라고 말해주고 싶다. 당신이 아직 결혼을 하지 않았다면 결혼이라는 출발점에 뛰어들기 전에 당신이 하고 싶었던 그 모든 것을 최대한으로 경험해보기를 추천한다. 당신이 공부가 하고 싶다면 최대한 공부를 하고, 유학을 가고 싶다면 유학을 다녀오기를 바란다. 그리고 많은 사람들을 만나보고 소중한 인연을 맺고 즐거운 우정을 나눠보기를 권한다. 당신의 20~30대에 겪은 그 모든 경험은 당신이 바쁜 삶을 살아가면서 현실에 치여 지칠 때마다 그때의 추억을 떠올리면서 얻을 수 있는 위안이 되기 때문이다.

결혼과 동시에 당신에겐 가족이 하나 더 생긴다. 시댁이라는 가족 말이다. 친정에선 엄마한테 투정 부리며 마음껏 뒹굴어도 되지만 아직까지 시댁에선 그런 부분이 쉽지 않다. 또한 당신이 딩크족으로 살아가기로 처음부터 굳건히 서약하지 않는 이상, 결혼한 부부는 아이를 낳기 마련이다. 출산과 육아가 시작되면 여성의 자유시간은 90% 이상 없어진다고 생각하는 것이 편하다. 출산한 몸으로 뼈가 아직 제자리를 찾아가지 못한 상태로 아이가 최소 100일이 될 때까지 당신은 하루에 2~3시간밖에 잘 수 없다. 졸린 눈을 비비면서도 혹시 아이가 다칠까 봐 아이에게 한순간도 눈을 뗄 수 없다. 2시간에 한 번씩 젖을 먹여주고 2시간에 한 번씩 기저귀를 갈아주는 단순노동을 100일 동안 반복한다. 운 좋게 100일이 지나 아이가 밤에 통잠을 자게 되면 당신도 하루에 6시간씩 마음 편하게 잘 수 있게 된다. 그것도 '운이 좋으면' 말이다.

여자는 자식을 낳고 나면 '진정한 엄마'가 되어야 한다. 여기서 '진정한 엄마'의 의미란 오직 자식의 안위만을 걱정하며 자식의 안전과 행복을 위해 최선을 다하는 여자이다. 여자가 자식을 낳고도 철부지 아가씨였을 때처럼 연약한 여자의 심성으로 살아가면 안 된다. 여자는 아이를 낳는 그 순간부터 '든든한 엄마'의 역할을 해야 한다. 이런저런 자극에 흔들리고 불안해하고 자기 마음대로 안 된다고 성질 내던 습관대로 아이를 키우게 되면 아이도 마찬가지로 엄마처럼 불안정하고 분노가 많은 사람으로 성장하게 된다. 아이가 건강하고 심리적으로 안정감 있게 자라기 위해서는 엄마가 마음의 중심을 잡고 아이가 성인이 될 때까지 사랑과 애정으로 키워야 한다. 아이에게 엄마라는 존재는 이 세상의 모든 것이자 신이며 우주이기 때문이다.

행복해서 웃는 것이 아니라 행복해지기 위해 웃는 것이다. 많은 여성들은 행복하지 않은 것이 아니다. 사실 그녀들은 스스로 행복을 즐기는 기술을 모르고 있다. 즉 행복하려면 행복해지는 기술을 배워야 한다. 사실 행복하기에도 여자의 인생은 너무나 짧다. 여자는 아이를 키우느라 시간이 많지 않다. 게다가 당신과 맞지 않는 성격의 친구가 매번 보자고 연락이 온다면 피하지 말고 당당하게 거절하자. 당신을 즐겁게 해주지 않는 사람과는 만남을 최소화하는 것이 가장 좋다. 그러나 만나기만 해도 좋은 에너지를 얻는 친구가 있다면 그런 친구는 자주 만나는 것이 좋다. 누군가의 행복에너지는 당신에게도 전파되기 때문이다. 굳이 잘 맞지 않는 친구와 의미 없는 시간을 보낼 필요가 없다. 행복하기에도 여자의 인생은 너무나 짧고 행복할 시간은 많지 않으니까 말이다.

사람들은 누군가가 자신을 행복하게 해주기를 바라지만 자신을 행복하게 할 수 있는 사람은 나 자신뿐이다. 사람들은 누군가 귀인이 찾아와서 나 자신을 행복하게 만들어주기를 기대한다. 그리고 운 좋은 일이 생겨서 내가 행복해지기를 기대한다. 그러나 행복은 아무도 대신 만들어줄 수 없다. 당신 자신만이 스스로 행복을 만들어야 한다. 당신은 어떤 좋은 일이 생기길 원하지만 당신이 포도나무 밑에서 포도가 떨어지기를 기다리고만 있으면 아무런 행복도 오지 않는다.

당당한 여자는 오늘의 행복을 내일로 미루지 않는다. 오늘의 행복은 오늘 즐기고 내일의 행복은 내일 즐기면 되는 것이다. 지금 이 순간을 당당하게 살아가야만 한다. 오늘의 행복을 즐기고 지금 이 순간의 삶을 당당하게 살아가라. 당당한 여자는 집 안에서 세상을 살림하고 자신에게 건넬 인생의 꽃다발을 준비하는 여자이다. 나 자신에게 꽃다발을 전해주는 것, 생각만 해도 멋지지 않은가!

3

당신도 누군가의
멘토가 되어라

멘토의 유래 : 멘토(mentor)란 존경하는 어른, 인생의 스승, 나를 이끌어주는 길잡이가 되어주는 존재. 즉 현명하고 동시에 정신적으로나 내면적으로 신뢰할 수 있는 상대이다. (백과사전)

멘토는 그리스 신화에서 유래했다. '트로이의 목마'로 그리스를 승리로 이끈 영웅 '오디세우스'가 트로이 전쟁에 출정하면서 자신의 아들 텔레마코스의 교육을 그의 친구인 '멘토'에게 맡겨 보살피도록 하였다. 멘토는 성의를 다해 오디세우스의 아들 텔레마코스에게 많은 격려를 하고 현실적인 조언을 해주며 올바른 길로 이끌어주었다. 그 뒤 '멘토'라는 의미가 인생을 이끌어주는 선도자, 조언자, 스승 등으로 널리 쓰이게 되었다. 모든 멘토가 스승은 아니다. 보통 스승이라고 하면 자신보다 나이가 많은 사람을 떠올리지만 멘토의 경우는 동갑내기 친구가 될 수도 있기 때문이다. 실제로 자신보다 어린 사람이 멘토가 될 수도 있다. 멘토란 '직접 가르쳐주는 사람'이 아니라, 당신을 좀 더 올바른 길로 나아갈 수 있게끔 앞장서서 '이끌어주는 사람'이라는 개념에 더 가깝다.

살아가면서 누구나 고민을 하고 때론 걱정거리가 생기곤 한다. 그리고 중요한 선택과 판단이 필요한 순간이 있다. 그럴 때 우리는 우선 자신 가까이 있는 주변 사람들을 찾아가서 의논을 하게 되는데 그 상대는 보통 친구나 선배, 친척, 선생님, 가까운 이웃 등이다. 그들은 모두 내편이 되어주긴 하지만 대체로 객관적인 조언보다는 내 입장과 비슷한 생각을 하고 있을 가능성이 높다. 그렇기에 당신은 좀 더 현실적이고 풍부한 경험과 지식을 바탕으로, 객관적이고 신뢰할 수 있는 조언을 해줄 수 있는 사람이 필요하다. 그런 분들께 조언을 얻어서 결정을 내리면 당신의 결정에 더욱 믿음이 생기고 자신감을 갖게 된다. 그리고 바로 그분이 당신의 멘토가 되는 것이다.

불행하게도 우리 젊은 세대들은 주변에 존경할 만한 어른들을 찾기가 쉽지 않다고 이야기한다. 시대의 변화가 빠른 속도로 이루어져서 세대 간의 간극이 크기 때문이기도 하지만, 사실 윗세대와 현세대의 젊은이들이 소통할 수 있는 자리도 별로 없다. 또한 최근에 젊은 세대 사이에서 유행하는 '꼰대'나 '라떼'라는 단어들은 긍정적인 의미보다 부정적인 의미가 더 크다. 즉, 권위적인 사고를 가진 어른이나 기성세대들이 자신의 경험을 일반화하여 자신보다 지위가 낮거나 나이가 어린 사람에게 일방적으로 강요하는 이른바 '꼰대질'을 많이 하기 때문이다.

현실이 이렇다 보니 나에게 이미 그런 멘토가 있다면 매우 든든하겠지만, 아직 없다면 이제부터라도 당신의 멘토가 될 만한 사람을 적극적으로 찾아봐야 한다. 나이와 상관없이 그 분야에서 오래되었고 전문가인 사람들이 존재한다. 인생에 한명의 멘토를 찾아서 인맥을 만들어놓으면 당신이 힘들거나 선택의 순간이 올 때마다 도움을 받을 수 있게 된다. 당신이 성공해야 당신 주변에 성공한 사람들이 모여들기 시작한다. 내가 성공해야 내 주변에 다양한 인맥이 생기기 시작한다. 그렇게 그들과 인연을 만들어가게 된다. 지금 당신이 서 있는 그 작은 세상에 머물러 있지 말고 더 큰 세상을 찾아 한 발짝 나아갈 수 있는 용기가 필요하다.

혹시 지금 당신의 마음은 어떤가? 지금 너무 힘들거나 인생의 벼랑 끝에 아슬아슬하게 매달려 있는 듯한 느낌이 들지는 않는가? 지금 당신이 힘든 상황이라면 그저 가볍게 말할 수 있는 '힘내'라는 단어는 얘기하지 않겠다. 당신이 힘을 낼 수 있는 상황이었다면 벌써 스스로 박차고 일어났을 것이다. 그 힘든 상황을 가장 벗어나고 싶은 것은 바로 당신 자신이기 때문이다. 사실 나는 두려웠다. 내가 한 선택이 가까운 미래에 어떤 결과를 가져다줄지 알 수 없었기 때문이다. 잘하고 있는 걸까, 이 길이 맞는 걸까, 수없이 생각하고 고민해보았지만 닥치지 않은 현실에 대한 결과를 예측하는 것은 내가 할 수 없는 일이었다.

결국 내 선택이 옳다고 믿을 수밖에 없었다. 밤을 지새우며 후회하고 좌절하는 날이 생기더라도 그렇게 나만의 길을 걸어가자고 결심했다.

중요한 것은 내 선택의 책임 앞에서 결단코 스스로 도망치지는 말자는 나 자신과의 약속이었다. 나는 다시 일어서기 위해 나 자신이 얼마나 간절하게 원하고 노력했는지를 잘 알고 있다. 그래서 나와 비슷한 힘든 상황을 겪었거나 현재 괴로움을 겪고 있는 사람들이 나에게 도움을 요청하면 거울을 들여다보듯 그녀의 마음속 고통을 고스란히 느낄 수 있다. 내가 직접 겪어봤기 때문에 가능한 일이다.

"인생은 영원하지 않다. 다른 이의 삶을 살면서 인생을 허비하지 말라. 다른 사람의 의견 때문에 당신 목소리를 사라지게 하지 말라. 가장 중요한 것은, 여러분의 마음과 직관을 따르는 용기를 갖는 것이다."

— 스티브 잡스

우리는 이 삶을 단 한 번만 누릴 수 있다. 사는 동안에 매번 조심스럽게 발을 내딛으며 살다가 죽음을 맞이할 수도 있고 아니면 내가 원했던 목표들을 성취하고 많은 것을 다 갖춘 채로 행복한 삶을 살아가다가 죽음을 맞이할 수도 있다. 후자로 살아가는 삶은 생각만 해도 얼마나 행복한가! 삶이란 얼마나 행복한 것인가! 내가 꿈꾸고 원하는 것을 모두 이루고 산다는 건 생각만 해도 기분 좋은 일이다.

당신이 누군가를 멘토로 받들고 그분께 인생의 도움을 받으며 살아가다 보면 어느 순간 당신도 누군가의 멘토가 되고 싶다는 생각이 든다. 사람은 누군가에게 도움을 받으면 징검다리처럼 나도 누군가에게 도움을 주고 싶다는 박애주의적인 마음이 생기기 마련이다. 이것은 지극히 정상적인 감정으로 그런 선한 마음이 기부와 봉사로 표출되어 이 세상을 좀더 나은 세상으로 만드는 것이다. 아직 젊은 당신이 누군가의 멘토가 되고자 한다면 우선 당신 자신의 삶부터 당당히 세워야 한다. 세상에 휘둘리지 않는 사람이 되어야 한다.

인생을 살아가면서 '선한 영향력'을 끼치는 사람들이 있다. 이른바 '선인'이라고도 한다.

세상에 '선한 영향력'을 펼치며 살아가는 사람들은 누가 시키지도 않았는데도 현재 고통받고 힘들어하는 사람들을 도와주고자 한다. 고(故) 이 태석 신부님은 한국에서 의사로 남부럽지 않게 살아갈 수 있는데도 불구하고, 아프리카의 가장 가난한 수단 남부 톤즈 마을 선교사로 자원했다. 그리고 그 곳에 진료소를 세우고 한센병과 감염병에 신음하는 사람들을 한평생 최선을 다해 치료해주셨다. 그러다가 대장암 말기로 48세의 젊은 나이에 하나님의 품으로 돌아가셨다.

진정한 멘토란 그런 것이다.

나와 당신의 행복을 추구함과 동시에 일면식조차 없는 사람들의 행복까지 진심 어린 마음으로 바란다. 더 나아가 전 세계에 굶주림과 고통이 없어지는 평화로운 세상을 꿈꾼다.

당신도 넓은 시각으로 세상을 바라보자.

나의 행복과 당신의 행복과 더 나아가서 전 세계의 행복과 평화를 기원하는 넓은 생각을 가지게 된다면 당신도 누군가의 멋진 멘토가 될 수 있을 것이다.

4

|

당신은
클레오파트라보다 섹시하다

고대 이집트의 마지막 여왕 '클레오파트라'는 로마 공화정 말기의 최고 권력자인 카이사르와 안토니우스의 사랑을 받았다. 그녀는 지금도 미인의 대명사로 전 세계에서 인정받고 있다. 그러나 2001년 런던 브리티시 박물관에서 열린 클레오파트라 특별전을 본 사람들은 실망을 금치 못했다. 실제 클레오파트라 시대의 동전에 새겨진 그녀의 얼굴을 보면 솔직하게 말해서 아름다움과는 거리가 멀기 때문이다. 그녀는 150cm의 작은 키에 통통한 몸매 그리고 치명적으로 매부리코를 가지고 있었다.

시대별 미인상은 계속 변한다고 하지만, 요즘 미모의 객관적인 기준으로 봐서는 클레오파트라보다 분명히 당신이 더 아름다울 것이다. 그러나 사실 클레오파트라의 매력은 외모만이 전부가 아니었다. 그녀는 뛰어난 외국어 실력을 가지고 있었는데 그리스어, 라틴어, 히브리어, 아랍어를 능숙하게 구사했다. 요즘으로 따지면 모국어까지 총 5개 국어를 능숙하게 하는 셈이다. 그리고 그녀는 어린 시절부터 이집트 왕실 도서관에서 엄청나게 많은 책을 읽었고, 그 당시 최고의 지성인들 클럽에 속해 있었다. 그녀 스스로 능숙하게 토론도 진행했다고 한다. 이쯤 되면 그녀의 매부리코보다 그녀의 지적인 아름다움이 점점 더 매력적으로 느껴진다. 내가 그녀의 매부리코보다는 낫다며 잠시나마 자만했던 나를 반성한다. 그녀의 지성에 비하면 오직 모국어밖에 할 줄 모르고 그 모국어인 한국어조차도 제대로 표현하지 못하는 나는, 이미 지적인 면에서 그녀에게 KO 참패를 당했으니 말이다.

단순히 외모만 아름답다고 해서 '매력적인 여성'이라는 공식은 사실 적합하지 않다. 인형같이 아름답다고 생각한 그녀가 그 예쁜 입을 열자마자 확 깨는 경우를 우리는 살면서 몇 번이나 경험해본 적이 있으리라. 차라리 말을 하지 않았다면 더 좋았을 것 같은 그녀의 거친 말투와 순수한 뇌(?)를 거친 표현력은 지켜보는 우리를 고통스럽게 만들었다. 이쯤 되면 클레오파트라의 '지성미'가 그녀를 이집트 최고 미인으로 인정할 수밖에 없었다는 사실에 동의하게 된다. 이렇듯 외모와 아름다움은 별개의 문제란 걸 깨달을 수 있다. 당신의 외모가 아주 특출나지 않아도 당신은 충분히 아름다워 보일 수 있다. 그리고 더욱 매력적으로 보일 수 있다. 어떻게? 지금부터 당신이 클레오파트라처럼 섹시해질 수 있는 방법을 가르쳐주겠다.

당신이 클레오파트라보다 섹시해지는 방법

① 지식을 쌓아라
② 우아하게 말하고 행동해라
③ 말은 한 템포 느리게
④ 여성만의 S라인을 드러내라
⑤ 항상 당당해라

클레오파트라가 지성미가 넘치는 여성이었다는 것을 이미 알고 있는 당신은, 지식을 쌓으라는 나의 말에 이미 동의했을 것이다. 사실 지성을 쌓는 것은 나 자신을 위해서다. 당신이 현재 2030 미혼이고 언젠가 결혼을 할 예정이라면 외모를 가꾸는 것과 동시에 내적인 부분도 성장시켜 나가야만 한다. 결혼을 해보니 '멋진 외모'의 위력은 어른들 말씀처럼 그리 오래가지 않았다. 결혼 전 당신이 매일 화장하고 옷을 패셔너블하게 입고 일주일에 2~3번씩 피부 관리를 해도 그게 다 무슨 소용인가! 결혼 후 남편에게 실시간으로 잔소리를 하고 웃자고 농담한 것에 죽자고 덤비며, 남편을 존중하지 않고 이겨먹으려고만 한다면 당신의 아름다운 외모와 상관없이 결혼생활은 끔찍할 것이다. 반대로 생각해보면 남자의 잘난 얼굴에 반해서 결혼했는데 매일 씻지도 않고 게으르고 자기고집만 부리는 남자였다는 게 결혼 후 밝혀진다면 당신은 얼마나 땅을 치며 후회하겠는가! 그러니 너무 외적인 부분에 집착하지 말고 내면의 모습이 잘생긴 남자도 알아볼 줄 아는 눈을 키워야 할 것이다.

우리는 얼굴이 아주 특출나게 예쁘지 않아도 지적인 분위기를 풍기는 여성들에게 매력을 느낀다. 당신 주변에 지적인 분위기를 풍기는 여성들을 만나면 그들의 태도를 한번 유심히 지켜보자. 그녀들의 말과 행동에는 기본적으로 '우아함'이 깔려 있다. 그녀들은 항상 우아하게 이야기하고 행동한다. 과연 이 '우아한' 말투와 행동 이란 건 어떤 것일까?

여러분에게만 알려주는 건데 우아하게 보이는 방법은 바로 '말'과 '행동'을 한 템포 느리게 하는 것이다. 대표적인 여배우 '이영애'를 예로 들어보자. 그녀는 항상 말을 조곤조곤히 천천히 한다. '김희애' 또한 이런 스타일이다. 성급하게 빨리 말하지 않고 천천히 숨 쉬듯이 느리게 이야기한다. 그와 반대로 드라마나 영화에서 가난하고 억센 여자들의 말투를 한번 생각해보자. 그녀들이 천천히 느리게 말하는 모습이 상상이 가는가?

그녀들은 항상 말이 매우 빠르고 톤이 높아 시끄럽게 느껴진다. 우아한 여성과 억척스러운 여성은 말투부터 다르다는 것을 이제 알게 되었을 것이다.

누군가에게 호감을 사고 싶거나 이성을 만날 때 여성은 특히 옷차림에 신경을 쓴다. 어제 백화점에 가서 비싼 일자라인 원피스를 샀다고 자랑하며 콧노래를 부르는 그녀를 보면 사실 조금 안타깝다.

당신이 남자를 만날 때 매력적으로 보일 수 있는 가장 효과적인 방법은 바로 여자만의 S라인을 드러내는 것이다. 여기서 말하는 S라인은 툭 건드리면 맨살이 보일 정도로 헐벗게 입으라는 의미가 아니다. 당신은 우아하면서 섹시해 보이고 싶은 것이지 대놓고 야하게 보이려는 것이 아니다. 가슴부터 골반까지 나타나는 라인, 그것이 S라인이다. 그 S라인을 최대한 드러내서 옷을 입는 것이다. 펑퍼짐한 옷으로 여러분의 매력적인 S라인을 숨겨서는 안 된다.

예를 들어 상체에 자신이 있다면 상의를 달라붙는 옷을 입는 것이 좋다. 만약에 하체에 자신이 있다면 짧은 치마나 H라인의 치마, 혹은 옆이 어느 정도 트여 있어서 걸을 때마다 맨살이 살짝살짝 드러나는 것도 좋다. 그리고 이왕이면 하의도 밝은 색으로 입는 것이 더욱 매력적이다.

나는 넉넉하게 프리한 스타일의 옷을 입고 다니는 것을 좋아했는데, 어느 날 약속에 늦어서 급하게 신축성 있는 검정 롱 니트 원피스를 입고 외출한 적이 있었다. 약속장소로 가는데 이상하게 남자들이 자꾸 나를 쳐다보는 걸 느꼈다. 나는 촌스럽게도 어리둥절하며 내 옷에 뭔가 묻었나 싶어 살펴봤던 기억이 난다. 지금 생각해보니 롱 니트 원피스는 여성의 S라인을 있는 그대로 부각시켜주기에 남자들의 시선이 집중되었던 것이었다. 더군다나 그 옷은 맨살이 단 1도 드러나지 않는 노출 없는 옷이었는데도 불구하고 그들은 옷에 감춰진 S라인을 알아본 것이다.

열심히 책을 읽으며 지식을 쌓고, 우아하게 말하고 행동하며, 여성미를 마음껏 발산해도 당신에게 이것이 없다면 당신의 모든 매력은 무가치해져버린다. 그것은 바로 당신의 온몸에서 뿜어져 나오는 나를 사랑하는 '당당함'이다.

S라인 몸매가 드러나는 옷을 입고 칵테일 바에 앉아 있는 아름다운 당신. 우아함과 섹시함이 공존하는 당신에게 깔끔한 댄디 스타일의 남성이 말을 걸어온다. 남성이 말을 걸어온 순간 갑자기 얼굴이 빨개지며 허둥거리다가 마시고 있던 칵테일 잔마저 엎어버린 그녀! 남자의 눈에 실망의 눈빛이 나타난다. 그 후 그는 마치 급한 일이 생긴 듯이 그녀의 곁을 도망치듯 지나갔다.

안타깝다. 그녀가 웃으면서 '네.'라고 한마디만 했다면 그녀는 오늘 멋진 데이트를 할 수 있었을 텐데 말이다.

기억해라. 어떤 상황에서도 당신이 아름답다고 믿고 당당하게 행동해라!

이미 당신은 충분히 매력적인 여자이기 때문이다!

5

나는 세상에서
가장 귀한 사람이다

올림픽 금메달리스트 비너스 윌리엄스는 "아무도 당신을 믿지 않더라
도 당신은 자기 자신에 대한 믿음을 가져야만 한다. 당신을 승자로 만들
어 주는 것은 바로 그것이다."라고 말했다.

L양에 대한 이야기를 한번 해볼까 한다. 세상이 허락해주지 않는 사랑
을 했던 L양이 있다. 그녀는 현명한 여자였는데 어느 날부터인가 이룰
수 없는 사랑을 하고 있었다. 미혼녀인 그녀가 유부남을 만나고 있다는
사실에 나는 놀랐는데 그녀는 덤덤하게 그 남자와 알고 지낸 지는 6개월
정도 되었고 그녀도 이 관계가 잘못된 관계라는 것을 이미 잘 알고 있다
고 말했다. 그녀는 1년 전쯤 아픈 이별을 겪으며 몸과 마음이 만신창이가

된 적이 있었고 그 상처를 회복하는 도중에 자신이 꿈에 그리던 이상형의 그 남자를 만났다고 했다. 그와 사랑하고 있으면 그녀는 다시 행복해질 수 있을 것 같다고 했다. 그러나 현실은 그녀는 '숨겨야만 하는' 존재였고 그녀는 그와 함께 있으면 어디서든지 떳떳할 수 없었다.

그녀가 원한 것은 무엇이었을까? 그 남자가 아내와 이혼하고 자신과 결혼하기를 원한 것일까? 아니면 그의 곁에서 잠시라도 행복을 느끼고 싶었던 것일까? 그 와중에 그녀는 그와 그의 가족에게 상처를 주고 싶지 않다고 말했다. 내가 보기엔 이 모든 관계에서 상처받은 사람은 오직 그녀 한 명뿐인 것 같은데 말이다. 사실 이 관계에서 그녀만 빠지면 그와 그의 가족은 아무 일 없다는 듯이 다시 행복하게 잘 살아갈 것이다. 마치 처음부터 그녀라는 존재는 없었던 것처럼 말이다.

몸과 마음이 약해졌을 땐 정상적인 사고회로가 돌아가지 않는다. 즉 쉽게 누군가에게 기대고 싶어진다. 상처가 있는 사람은 그 상처를 벗어나기 위해 발버둥 치면서도, 다시 상처를 받을 수 있는 길을 또다시 찾아가곤 한다. 이미 상처에 익숙해져서 자기도 모르게 다시 그런 길로 가는 거라면 나는 그녀를 뒤에서 붙잡고 새로운 길로 안내해주고 싶다. 사실 그녀는 그런 대접을 받을 만한 여성이 아니었다. 그녀는 어떤 사람을 만나도 온전히 사랑받을 수 있을 만큼 현명한 여자였기 때문이다. 잠시 몸과 마음이 약해진 상태라면 차라리 사랑을 멈추길 권장한다. 섣불리 불행한 사랑에 빠져서 더욱 괴로워지는 악순환을 반복하고 싶지는 않을 테니 말이다. 그녀는 현재 자신을 있는 그대로 사랑해주는 남자를 만나서 행복한 연애를 하고 있다. 나는 앞으로도 그녀가 자신을 좀 더 귀하게 대접해주길 바란다.

당신을 어떻게 생각하고 있는가? 당신이 자기 자신에 대해 어떤 생각을 갖고 있느냐에 따라 당신은 스스로를 가치 있는 사람으로 느낄 수도 있고, 별 볼일 없는 인간으로 느낄 수도 있다. 자신을 소중한 존재로 느끼느냐, 열등한 존재로 느끼느냐는 온전히 당신의 결정에 달려 있다. 사실 우리는 자기 자신을 사랑해주는 데 무척이나 서투르다. 자기 자신을 좋아해주면 큰일 나는 줄 아는 사람도 있다. '나는 완벽한 것과는 거리가 멀어서 나 자신을 자화자찬하기 부끄럽다'는 말도 들어보았다. 아니, 꼭 완벽해야만 나 자신을 사랑해줄 수 있는 것일까? 그럼 나는 죽는 순간까지 완벽해질 수 없을 것 같으니 평생 나를 사랑해줄 수 없는 것이 되는 건가?

여성들은 타인과 자신을 자꾸 비교한다. 여기서 누군가와 비교해서 자신이 더 낫다는 결론은 잘 나오지 않는다. 온통 부정적인 평가들뿐이다. 그녀와 비교해서 나는 이것이 부족하고, 그녀와 비교해서 나는 저것이 부족해라며 자신을 평가절하하고 스스로 쉽게 우울해한다. 도대체 왜 여성들은 '자기비하'를 많이 하는 건지 이런 부정적인 습관들은 그녀의 낮은 자존감에서부터 비롯하여 나타나는 건지 도무지 알 수가 없다. 차라리 이럴 땐 남자들의 근본 없는 자신감(?)이 그들의 자존감을 높이는 데 더 도움이 된다. 아무리 추남이라고 해도 방금 막 샤워를 하고 나온 후 자신의 모습을 거울에 비춰보며 '이 정도면 잘생겼는걸.' 이라며 흐뭇하게 바라보는 장면을 우리는 어디선가 많이 보지 않았던가! 그러나 왜 여자들만 거울을 보면서 '아름답다'고 반응하지 않고 어떻게든 마음에 들지 않는 부분을 찾아내려고 노력하는 것인가!

자신을 보잘것없는 존재로 지나치게 낮추는 사람은 다른 사람이 자신을 지적하거나 불만을 제기하고 거부할 때 어떻게 반응해야 할지 머릿속이 새하얗게 변해버린다. 있는 그대로의 나를 귀하게 인정하지 않고 주어진 환경에 자신의 가치를 맞춰버린 채 살아왔기 때문이다. 단 한번뿐인 삶을 남에게 맡기거나 탓하지 말고 당신 스스로 영리하게 행복한 삶을 계획하고 살아갈 필요가 있다. 지금부터라도 자신의 가치를 보잘 것 없는 존재로 낮추는 행동 따위는 결코 하지 말아야 한다. 자신을 귀하게 여기지 않는 사람을 어느 누가 귀하게 여기겠는가? 스스로 자신을 깎아내리지 말자. 당신은 이미 충분히 매력이 있고 사랑을 받을 자격이 넘치는 사람이다.

당신의 인생은 온전히 당신만이 책임질 수 있다. 힘들다고 해서 자신의 현재 상황을 남들에게 구구절절이 읊어내며 위로받고자 할 필요는 없다. 사람들은 생각보다 나에게 관심이 없다. 그들은 당신의 이야기를 흥미롭게 듣고는 잠깐 위로하고 곧 그들만의 전용 리그로 바쁘게 돌아간다. 그들의 삶은 당신의 삶보다 더 바쁘고 중요한 일로 가득 차 있다. 심지어 당신 앞에서는 당신을 위로하고 뒤에서는 당신을 동정하는 눈빛으로 바라본다면 그것이 더욱 당신의 자존심을 상하게 만들지 않는가?

지나간 과거는 바꿀 수도 없고 돌이킬 수도 없다. 하지만 현재의 삶은 변화시킬 수 있다. 현재의 삶에서 자신을 이해하고, 과거에 좌절한 경험이 있다면 그때의 자신을 위로해주자. 상처를 치유하고 과거의 그늘로부터 벗어나면 현실에 최선을 다하는 나로 바뀔 수 있다. 지금이라도 바꿀 수 있는 것은 바꾸자. 더 이상 과거의 자신에 갇혀서 똑같은 하루하루를 보낼 필요가 없다. 당신의 행복을 위해서라면 오늘부터 과감히 바꾸자. 그러나 바꿀 수 없는 부분이 있다면 그냥 받아들이자. 자신의 있는 모습 그대로 받아들이고 자기 자신을 사랑해주면 된다. 누군가를 원망하고 탓해봤자 아무것도 해결되지 않는다. 사실 억지로 바꾸려고 하니 자신을 자꾸 원망하고 비하하는 것이다. 바꿀 수 없는 사실에 너무 집착하는 것은 자신을 힘들게 하고, 삶을 어렵게 만들고, 자존감을 낮게 만든다. 현실을 바꿀 수는 없어도 현실을 받아들이기는 쉽다. 그저 받아들이기만

하면 된다. 내가 여자라는 사실을, 내가 나이 들어가고 있다는 것을. 나의 좋은 점을 많이 보고 긍정적으로 생각하며 살아가야 한다. 바꿀 수 없는 것에 필요 이상 애쓰며 시간을 허비할 필요가 없다. 차라리 바꿀 수 있는 것에 시간과 노력을 투자하는 것이 현명하다.

당신이 귀한 사람이란 것을 깨닫고 싶다면 좋은 방법이 있다. 지금 거울을 한번 바라보자. 거울 속에 비친 나의 얼굴을 천천히 훑어보자. 여드름, 모공, 주름 등을 찾지 말고 있는 그대로의 당신의 얼굴을 한번 바라보자. 당신의 지금 얼굴에서 어릴 때의 당신 얼굴을 천천히 발견해보자.

당신의 얼굴에서 웃고 있는 아이의 얼굴을 발견했는가? 세상에서 가장 순수하고, 눈부시게 웃고 있는, 작은 천사 같은 당신의 얼굴, 그것이 바로 당신이다.

당신의 부모님은 성인이 된 당신의 얼굴에서 그들이 사랑했던 어린아이 때 당신의 얼굴을 찾아내곤 하신다. 그들의 기억에 당신과의 시간은 항상 행복했고 삶을 살아가는 힘이 되어주었다. 사실 아무에게도 인정받지 못해도 괜찮다. 세상의 모든 것이 바뀌어도 항상 당신을 변함없이 사랑해주는 부모님이 있다는 사실만 기억해도 당신은 충분히 행복한 사람이다.

6

스스로 우주의 중심이
되는 연습을 하라

"내가 세상의 중심이 되면 세상은 나를 중심으로 돌아간다."

– 'wallis'의 의류광고 CF편

우리가 순수한 아이였을 때는 세상이 나를 중심으로 돌아간다고 생각했다. 아이의 눈으로 바라보는 세상은 매일이 새롭고 아름답고 눈이 부셨다. 이 아름다운 세상에서 아이는 하루 종일 뛰어놀아도 시간이 부족하다. 아이들의 눈에 보이는 세상은 얼마나 아름다운가. 노랗게 물든 단풍잎 하나도 아이들에게는 세상에서 가장 예쁜 색종이가 된다.

아이는 크면서 점점 사회에서 지켜야 하는 법률과 규칙들을 배워가며 사회성을 키우기 시작한다. 할 수 있는 것보다 하지 말아야 하는 것이 더 많아지는 삶을 살아가게 된다. 그러다가 사춘기에 접어들면서 어느 날 갑자기 내가 이 세상의 중심이 아니라는 사실을 깨닫게 된다. 이 세상에서 내가 가장 특별한 줄 알았는데 수많은 아이 중의 한명일 뿐이라는 사실을 깨닫게 된다. 그때의 큰 충격과 실망감은 이루 말할 수 없다. 그렇게 나는 평범한 사람이라는 것을 인정하게 되면서 우리는 어른이 되어간다.

세상의 중심이 내가 아니라는 것을 깨닫는 순간 외부의 작은 충격에도 심하게 흔들리고 나의 중심을 잃어버리곤 한다. 대학입시에 실패하거나, 이성친구와 헤어지거나, 직장상사로부터 심한 꾸지람을 들었을 때 나는 매번 중심을 잡지 못하고 속상해하며 나의 감정에 휘둘렸다. 세상은 나의 톱니바퀴와 수억의 사람과의 톱니바퀴와 함께 맞물려서 굴러간다. 나와 세상 사람들은 단절될 수 없다. 우리의 톱니바퀴는 모두 연결되어 있다. 여기서 내가 중심을 잘 잡고 나의 톱니바퀴를 잘 돌리면 세상은 내 의지대로 굴러간다. 그러나 만약 내가 중심을 잃고 삐끗해버리면 나의 손잡이를 놓쳐버리게 된다. 놓쳐버린 수레바퀴는 타인에 의해 속수무책으로 굴러가게 된다. 타인에 의해 수레바퀴가 굴러가면 방향도 속도도 모른 채 세상 밖으로 굴러가서 나락으로 떨어져버리기도 한다. 성공한 사람들은 자신의 톱니바퀴 손잡이를 꼭 잡고 자신의 의지대로 세상을 만들어간다. 그들은 결코 타인에게 그의 인생을 내맡기지 않는다. 그들에 비해서 우리는 너무나 쉽게 부모나 친구, 직장상사 등에게 내 인생의 톱니바퀴를 맡겨버리곤 한다.

세상이 나를 위해 돌아가고 있다고 믿으려면 긍정적인 생각부터 시작해야 한다. 즉, 세상이 나에게 해를 끼치려 음모를 꾸미고 있다는 생각보다, 세상이 나를 위해서 좋은 일을 계획하고 있다고 믿는 것이다. 성공한 사람들은 긍정적인 기대를 하며 세상이 나를 도와줄 것이라고 믿는다. 그렇게 생각하면 그들의 몸에서 뿜어져 나오는 긍정의 에너지 기운이 그들이 원하는 상황을 창조하게 된다. 그렇게 그들은 더욱 성공의 길로 걸어가게 되는 것이다.

"모든 부정적인 사건은 그 자체 내에 그것과 동등하거나 또는 더욱 큰 유익함의 씨앗을 내포하고 있다."

－『당신 안의 기적을 깨워라』, 나폴레온 힐

나쁜 일이 발생하면 우리는 순간적으로 실망하고 좌절한다. 왜 나에게 이런 일이 일어나는 건지 원망스럽다. 그러나 사실 그 '나쁜 일'은 당신의 삶에서 반드시 필요한 과정이다. 왜냐하면 당신이 '나쁜 일'을 겪고 나면 마음의 공부가 되어서 인격적·정신적으로 한 단계 발전하기 때문이다.

당신의 영혼이 한 단계 업그레이드되는 것이다. 당신의 삶에서 견딜 수 없을 만큼 괴로운 일이 생길 때가 있었을 것이다. 그때를 가만히 떠올려 보자. 그리고 그것이 지나가고 난 후 오히려 그 힘들었던 일들이 전화위복이 되어서 좋은 일이 되었던 경우를 생각해보자. 예를 들어, 당신이 자신의 삶을 돌이켜보았을 때 세상이 끝났다고 생각했던 그 순간이 있었을 것이다. 죽고 싶을 만큼 힘들고 괴로웠던 그 순간 말이다. 그러나 그 폭풍같은 일이 지나가고 나면 여러분의 삶은 아무렇지 않게 다시 시작되었을 것이다.

나 또한 그렇다. 나는 내 인생이 힘들었을 때 왜 이런 일도 제대로 헤쳐 나가지 못하는 걸까 스스로 자책하며 나 자신을 오랫동안 괴롭혔다. 그러나 그 후 나의 힘들었던 그 경험들을 책으로 쓰며 나는 작가가 되었다. 그리고 현재 운영하고 있는 내 카페와 블로그에는 미혼, 기혼, 이혼, 재혼 여성들의 삶의 고민과 결혼에 대한 문제점들에 대한 문의가 올라오고 있다. 나는 이미 그 모든 것을 경험해보았고 힘들어하는 그녀들에게 내가 온몸으로 느끼며 체득한 것들을 조언해줄 수 있다. 당신이 현재 힘든 상황에 처해 있다면 주저하지 말고 내 카페에 들어와서 조언을 구하라. 당신이 가장 힘들 때 묻는 간단한 질문 하나가 당신의 인생을 다시 살아갈 수 있게 해줄 수도 있다. 당신에게 스스로 우주의 중심이 되라고 이야기하고 있지만 당신은 이미 세상의 중심이자 우주의 중심이다. 지금의 당신이 존재하고 있는 이 현실을 연극무대라고 생각해보자. 당신은 이 연극의 주인공이다. 당신은 이 연극의 모든 것을 결정할 수 있다. 당신의 상대배역과 조연들을 캐스팅할 수 있고 연극의 줄거리와 결말까지 모든 것을 당신 마음대로 바꿀 수 있다. 당신이 원하는 대로 인생연극은 진행된다. 당신을 괴롭히는 조연이 있다면 그를 당장 무대 밖으로 쫓아버릴 수도 있다. 이 연극 무대 위에서 주인공인 당신이 어떤 삶을 살아갈 것인지 스스로 결정하는 그 순간 당신의 인생은 희극이 될 수도 있고 비극이 될 수도 있다.

1999년에 히트한 영화 〈매트릭스〉는 지금 당신이 보고 있는 현실이 진정한 현실이 아님을 깨우쳐주는 영화이다. 무려 20년 전의 영화이지만 당신이 살아가고 있다고 느끼는 이 현실이 실제로 존재하지 않는다는 것을 알려주는 가장 정확한 영화 다큐멘터리이다. 영화 〈매트릭스〉에서 주인공 네오는 선택의 갈림길에 선다. 파란 알약을 먹고 지금 펼쳐져 있는 현실에 순응하며 살아갈 것이냐, 아니면 빨간 알약을 먹고 불완전한 진실을 깨달을 것인가. 당신이 네오의 입장이라면 당신은 어떤 선택을 할 것 같은가? 당신은 현재 대한민국에서 살고 있다. 한국어를 쓰고 있고 초등학교, 중학교, 고등학교를 평범하게 졸업했다. 졸업 후에 대학생이 되거나 혹은 직장인으로 살고 있다. 당신은 부모님과 이성친구도 있고 지금껏 살아오면서 심각한 괴로움과 고통 속에 빠져서 발버둥 쳐본 경험도 있다. 당신은 지금 취업이 고민일 수도 있고 결혼이 고민일 수도 있다. 당신은 지금 눈앞에 펼쳐진 현실세계의 모습을 생생하게 느끼며 살아가고 있다.

만약에 지금 당신의 눈앞에 펼쳐져 있는 현실세계가 실제로 존재하지 않는 홀로그램이라는 사실을 깨닫게 된다면 당신의 기분은 어떨 것 같은가? 당신의 눈앞에 펼쳐지고 있는 이 현실은 사실 당신의 뇌 속에서 4D게임으로 실시간 진행되는 것이고 당신은 이 4D게임의 게임캐릭터의 종류일 뿐이라고 한다면? 당신이 이 게임의 주인공 캐릭터라고 생각하게 되면 더 이상 이 지구상에서 전전긍긍하며 힘들게 살아갈 필요가 없다는 것을 깨닫게 된다. 어차피 나는 게임캐릭터이자 내 인생 연극의 주인공인데 무엇을 그렇게 힘들어하며 살아갈 필요가 있을까? 인생을 내 마음대로 바꿀 수 있는데 말이다.

현실은 모든 것이 무(無)이자 공(空)이다. 부처님은 '부처가 곧 중생이고, 중생이 곧 부처이다.'라고 말씀하셨다. 하나님은 당신의 근원이 신(神)이며 신(神)이 곧 당신이라고 말씀하셨다.

당신은 신(神)이다.
당신만의 우주를 만들어가라.

7

세상에서 가장
행복한 여자로 살아라

"3년 후 제 모습이요? 글쎄요, 구체적으로 생각해보진 않았는데. 아마도 좋은 남자 만나서 연애를 하고 있지 않을까요? 그때쯤이면 30살이니까 결혼 얘기도 오갈 것 같긴 한데."

"저는 3년 후에 미국에 교환학생으로 가 있을 거예요. 그래서 지금부터 열심히 영어공부를 하고 있어요. 영어로 제 소개 한번 해볼까요? Hi, my name is~."

"3년 후라고 하면 딸아이가 고3이 되는 해네요. 아마 고3 딸내미 뒷바라지 하느라 많이 바쁘겠죠? 그나저나 요즘 딸아이가 점수가 안 오르고 있는데 어느 학원에~."

"안 아프길 바라야지 뭐, 요새 요양원 가면 밥도 잘 나온다던데. 거기서 할머니 친구 사귀어서 지내야지 뭐."

"저는 7살입니다. 내년이면 학교에 들어가요. 한글로 제 이름도 적을 줄 알아요."

"올해 사업 1년차인데요. 3년 뒤면 연수입이 10억 정도 되었으면 좋겠네요. 그래서 열심히 일하고 기술도 개발시키고 있습니다."

7세부터 68세까지의 여성들에게 3년 후 자신이 무엇을 하고 있을지를 한번 질문해보았다. 그녀들은 골똘히 생각에 잠겼다가 이내 자신만의 대답을 내놓았다. 현재의 시점에서 되고 싶은 것이나 하고 싶은 것을 이야기하며 설레기도 했고, 중년 이후의 여성들은 자녀에 대한 이야기가 주류를 이루었다. 그녀들은 아이가 성인이 될 때까진 평범한 일상이 반복될 것이라고 말했다. 어르신들은 건강을 주로 이야기했고 7살의 소녀는 학교에 입학한다고 신나서 떠들어댔다. 그녀들은 나이에 맞게 너무 과하지도 약하지도 않은 적당한 미래의 모습을 이야기했다.

우리는 여성이다. 여성들은 감정을 느끼고 표현하는 데 뛰어나다. 남자보다 훨씬 더 잘 웃고 소리 내어 엉엉 울 줄도 안다. 체하지 않게 감정을 잘 소화시키므로 그때마다 몸과 마음의 에너지가 훨씬 더 원활하게 흐른다. 한마디로 영적인 혈액순환이 잘 된다. 여자들은 따뜻한 감성과 예리한 직관, 포용력, 공감능력, 친화력, 책임감 등이 강하다. 뇌신경학자들의 연구에 따르면 여자의 뇌는 좌뇌와 우뇌를 이어주는 연결 장치가 남자의 뇌보다 훨씬 더 넓고 튼튼하게 발달되어 있다고 한다. 결국 여성들은 지능을 넘어서서 정신과 영혼에 더욱 가까이 다가갈 수 있다. 여성들이야말로 세상을 치유하는 에너지라는 말은 그야말로 맞는 말인 것이다.

사실 당신이 이 세상에 태어난 이유는 이미 정해져 있다. 당신은 아주 특별한 목적을 가지고 태어났다. 당신이 태어나면서부터 이미 우주에서는 당신이 해야 할 특별한 일을 소명처럼 내려주었다. 당신이 조금만 주의를 기울이면 우주가 사인을 보내는 방식을 알아차릴 수 있다. 그리고 마음이 시키는 대로, 후회하지 않을 선택을 할 수도 있다. 우리 모두 초점 없이 흐지부지 살아온 삶에 점점 지쳐가지 않는가?

이 세상에서 가장 보통 사람인 나도 힘겨운 시간을 견뎌내고 나서 작가가 되었다. 어쩌면 이것이 나에게 주어진 소명인지도 모르겠다는 생각이 들었다. 만약에 내가 행복한 결혼생활을 하고 있었다면 나는 과연 작가가 될 수 있었을까? 아마 머릿속으로 '작가가 되고 싶다'는 생각만 한 채 여생을 끝마쳤을지도 모른다. 마흔을 앞둔 지금 나는 내 의지로 내 삶을 하나씩 선택하며 살아가고 있다. 내 의지로 삶을 살아갈 수 있다는 것이 이렇게 소중하고 행복한 권리인지 미처 몰랐다. 인간에게 가장 소중한 것은 '자율의지'라는 것을 뒤늦게 깨달은 것이다.

우리 심각하게 살지 말자. 전설적인 코미디 배우 '찰리 채플린'도 이렇게 말하지 않았던가!

"결국은 모든 것이 개그다."

이 세상은 우리의 거대한 농담과 개그적인 삶 속에서 살아가는 것이다. 우리 그렇게 심각하게 살지 말고 웃으면서 살아가자. 심각하게 살기에는 우리의 인생이 너무 소중하지 않은가? 천사들은 스스로를 가볍게 여기기 때문에 훨훨 날수 있는 것이다. 우리가 울고불고 매달렸던 그 모든 문제는 사실 시간이 지나고 나면 별일 아닌 듯이 느껴진다. 10년 전에 정말 힘들었던 일도 이제 와서 돌이켜보면 '그땐 그랬지.'라며 그저 넘겨버릴 수 있게 되었다.

지금껏 살아오면서 하고 싶은 것들이 참 많았다. 꿈꾸는 것도 많았다. 그러나 할 수 있는 것보단 할 수 없는 것들이 더 많았고 충분히 할 수 있었는데도 하지 않은 것도 있었다. 무수히 많은 밤을 혼자 잠들지 못했던 날도 있었다. 사실 단순히 행복하게만 살고 싶었을 뿐인데 인생이란 건 왜 한 번씩 나를 힘들게 하는 건지 이해할 수 없었다. 나라는 사람만 그런 건지 아니면 다른 사람들도 인생을 살면서 가끔 무너질 정도로 힘든 건지 궁금했다. 사실 나는 나 자신의 문제가 가장 크다고 생각하지만 사실 그보다 더 심각한 문제를 갖고 있는 사람들도 많다. 인간은 결국 자기중심적으로 생각하기 때문이다. 어차피 답도 없는 질문에 고민하고 머리 싸매지 말자. 아무 소용이 없다. 온갖 철학자들과 종교인들이 수천 년에 걸쳐서 풀고자 몸부림쳤던 그 단순한 '행복'의 의미에 대해서 대답을 고뇌하느니 그냥 지금 한번 웃고 즐기는 것이 더 좋다는 걸 우리는 이제 알게 되었다.

있는 그대로 찬란하게 아름다운 당신이 이곳에 있다. 누군가에게 맞추기 위해서 자신의 모습을 바꾸려고 하지 말자. 당신은 있는 그대로 눈이 부시다. 누군가가 당신을 미워한다고 해서 다른 모습이 되려고 하지 말자. 잘 보이고 더 사랑받기 위해서 시작하는 연극에서는 아무도 진짜 나를 알아차리지 못하게 된다. 결국 허망한 비극으로 끝나버린다. 나의 진짜 모습이 없기 때문이다. 진정한 사랑은 없었다.

지금 거울 앞에 서서 자신의 얼굴을 한번 바라보자. 자신의 눈, 코, 입, 전체적인 체형, 얼굴형 등 모든 것을 객관적으로 바라보자. 자신의 진정한 모습이 보이는가? 주변의 시선, 외부의 시선 따위 모두 무시한 채 자기 자신의 얼굴에만 집중해보자. 도대체 나는 누구를 위해 그렇게 신경 쓰며 살아가는 것일까? 거울 속의 나를 보며 진심으로 '아름답다'고 생각해보자. 애써 나를 꾸미거나 잘 보이기 위해 노력하지 말자.

"신은 여자에게 더 친절하다."

– 작가 세라 벡

우리의 영혼은 우리가 행복하길 바란다. 매력적인 사람이 되길 원하고 온 우주로부터 깊이 사랑받길 원한다. 당신이 좋아하는 일을 하고 당신이 원하는 그 사람이 되고 남부러울 것 없이 근사한 삶을 살아가는 것이 당신에게 주어진 역할이다. 당신은 이미 눈이 부시게 아름답다. 용기를 가지고 당신만의 새로운 세상을 찾아나가자. 당신은 이미 세상에서 가장 행복한 여자로 살아갈 준비가 되어 있다.

진흙탕 속에 온몸이 빠져드는 순간조차도 언젠가 한 번은 넘어져야 하는 그 순간이다. 이왕 넘어져야만 한다면 차라리 크고 멋있게 한바탕 넘어지자. 그렇게 상처가 나더라도 상처를 치료할 수도 있고 다시 일어날 수도 있다. 지금 당신이 진흙탕 속에서 허우적대고 있거나 아예 머리를 처박고 있는 상황이라도 걱정하지 말자. 그 순간이 당신이 날아오르기 직전의 가장 어두운 시간이니까 말이다. 진흙탕 속에서 나오기 시작하면 당신은 아무 일 없었다는 듯이 다시 하늘 위로 날아오를 것이다. 세상에서 가장 아름답게 날아오를 것이다.

에
필
로
그

파랑새를 찾아라
그리고
같이 날아올라라

여자들이 인생을 살아가면서 가장 듣고 싶어 하는 말이 무엇인지 알고
있는가? 지금 당신의 머릿속에 떠오른 바로 그 말! "당신 예뻐요." 여자
로 태어난 순간부터 죽음에 이르기까지 그녀들의 마음을 움직이고 감동
을 느끼게 해주는 단 한마디. 가장 흔하면서도 가장 듣기 힘든 그 말!

"당신, 참 예뻐요."

"아들이 초등학생 때
너희 엄마 참 예쁘시다

친구가 말했다고 기쁜 듯 얘기했던 적이 있어

그 후로 정성껏 아흔일곱 지금도 화장을 하지

누군가에게 칭찬받고 싶어서"

　　　－ 93세에 시인으로 데뷔한 시바타 도요의 「약해지지 마」 중에서

시도 때도 없이 화장품을 구매하던 시기가 있었다. 화장할 시간도 없을 만큼 바빴고 심지어 만나러 갈 사람도 없었는데 그렇게 화장품을 미친 듯이 사들이곤 했다. 당시 포장 비닐도 뜯기지 않은 채 유통기한이 지나서 쓰레기통으로 직행하는 화장품도 많았다.

그 사람에게 사랑받지 못하는 이유가 내 외모 때문이라고 생각한 건지 아니면 단순히 스트레스를 풀기 위해서 내가 좋아하는 화장품에 집착했던 건지 그 이유는 잘 기억이 나지 않는다. 그러나 나는 뭔가 나의 분노를 풀 수 있는 방법을 찾고 있었다.

당시 나는 울분으로 가득 차서 길을 걷다가도 "어디 한번 건드려 봐. 다 가만두지 않을 테니까!"라며 분노한 하이에나처럼 으르렁거리고 있었다.

지옥 같은 고통의 시간이 지나고 내 삶을 되찾게 되면서 나는 더 이상

화장품에 집착하지 않게 되었다. 마음이 편안해졌다. 스스로 살아가는 삶이 이렇게 행복한 건지 미처 알지 못했다. 예전에는 길에서 동창이나 아는 사람을 만나면 내가 먼저 피하거나 숨어버리곤 했다.

그때는 누군가에게 나의 불행한 삶을 들키고 싶지 않았다. 그러나 이제는 달라졌다. 내가 먼저 다가가서 인사를 하고 안부를 묻는다. 내 인생이 좀 더 행복해진 걸까?

지금 당신이 경험하고 있는 이 세상은 어떤 곳인가? 아직 경험해볼 것이 많은 즐겁고 흥미로운 곳인가? 아니면 당신의 삶을 힘겹게 옥죄이는 고통스러운 곳인가?

당신이 이곳을 어떻게 생각하느냐에 따라 이 세상은 천국이 될 수도 있고 지옥이 될 수도 있다. 오로지 당신만이 당신이 존재하고 있는 지금 이 세상을 천국과 지옥으로 결정할 수 있다.

지옥 속에서 살던 때가 있었다. 절망감으로 집에 틀어박혀 아무도 만나지 않고 외출도 하지 않았던 때였다. 집안의 물건들을 정리하면서 내 삶도 하나둘씩 정리하던 그 당시의 기분을 떠올려본다. 그리고 지금 카페에 앉아서 이 글을 쓰고 있는 나를 떠올린다. 그 당시 죽으려고 했던 나와 지금 작가가 되고 난 후의 내 감정을 비교해본다.

아, 그때 죽지 않은 것이 얼마나 다행인가!

만약에 내가 그때 내 삶을 끝내버렸다면 지금 이 행복한 기분을 다시는 느끼지 못했겠지. 그때 죽지 않고 살아서 얼마나 다행인가.

지금 이 글을 쓸 수 있어서

맛있는 커피를 마실 수 있어서

이 음악을 들으며 생각할 수 있어서

금요일에는 내 아이를 보러 갈 수 있어서

나의 미래를 설레는 마음으로 계획하고 꿈꿀 수 있어서

다시 살아갈 수 있게 되어서 너무나 감사하다.

그리고 지금 이 순간부터 하고 싶었던 모든 것을 하나씩 해보면서 살아가리라 결심한다.

그렇게 열심히 하루하루 살아가다 보면 머지않아 내가 꿈에 그리던 행복한 삶이 보답처럼 내 앞에 나타날 것이라 생각한다.

당신의 파랑새는 어디에 있는가? 멀리서 찾지 말자. 파랑새는 이미 당신 바로 옆에 와서 지저귀고 있다. 당신의 파랑새는 이미 당신 곁에 존재하고 있다. 당신은 지금 이 순간 살아 있음을 느낀다. 그러니 이제부터 하늘 높이 날아오르자. 당신은 무엇이든지 해낼 수 있으니까.